──────────── 님의 소중한 미래를 위해
이 책을 드립니다.

**돈 걱정 없이
살고 싶다는 사람들에게**

돈 걱정 없이 살고 싶다는 사람들에게

재테크 고수, 7일이면 충분하다

박미향 지음

메이트북스

메이트북스 우리는 책이 독자를 위한 것임을 잊지 않는다.
우리는 독자의 꿈을 사랑하고,
그 꿈이 실현될 수 있는 도구를 세상에 내놓는다.

돈 걱정 없이 살고 싶다는 사람들에게

초판 1쇄 발행 2020년 6월 1일 | **지은이** 박미향
펴낸곳 ㈜원앤원콘텐츠그룹 | **펴낸이** 강현규 · 정영훈
책임편집 김나윤 | **편집** 안정연 · 유지윤 · 최예원 | **디자인** 최정아
마케팅 이기은 | **홍보** 이선미 · 정채훈 · 정선호
등록번호 제301-2006-001호 | **등록일자** 2013년 5월 24일
주소 04607 서울시 중구 다산로 139 랜더스빌딩 5층 | **전화** (02)2234-7117
팩스 (02)2234-1086 | **홈페이지** www.matebooks.co.kr | **이메일** khg0109@hanmail.net
값 15,000원 | ISBN 979-11-6002-284-1 03320

이 도서의 국립중앙도서관 출판시도서목록(CIP)은 e-CIP홈페이지(http://www.nl.go.kr/ecip)에서
이용하실 수 있습니다.(CIP제어번호 : CIP2020019958)

돈이 유일한 해답은 아니지만
차이를 만들어낸다.

· **버락 오바마**(미국 최초의 흑인 대통령) ·

차례

재테크 고수 도전 4일차 지금 당장 보험을 리모델링하라

재테크 고수 도전 5일차　저축과 투자로 돈을 불리자

재테크 고수 도전 6일차 슬기로운 부동산투자 전략을 짜라

한때는 나도 금융문맹이었다

"엄마, 나 이거 살까? 정말 귀여워!"

늦둥이로 태어나 우리 집의 귀염둥이를 담당하고 있는 막내딸. 어버이날에 태어난 아이의 생일선물을 사주러 들른 가게에서 내가 디자이너로 일할 때 만들었던 예쁜 인형들을 만났다. 자그마치 22년 만이었다.

예전에 내가 디자이너로 일했을 때, 나를 영광스럽게 빛나도록 해주던 인형들이었다. 인형들은 1998년에 세상에 나와 베스트셀러가 되어서 연 매출 50억 원 이상을 달성했던 아이들이다. 인형의 인기는 거기서 끝나지 않고 몇 년이나 식을 줄 모르고 계속되었다.

"엄마가 만든 인형이야"라며 딸에게 실컷 자랑을 하고 토끼인형 2개를 사서 집으로 돌아오는데 기분이 묘했다. 22년 전에 세상에 나왔던 토끼 인형. 그러고 보니 둘째 아들과 동갑내기다.

지금 나는 재무상담사이지만 예전에는 완구디자이너였다. 1991년에 스펙을 쌓으려고 인도네시아에서 4년 정도 해외 근무도 했었다. 현지 회사에서는 한국에서 온 나를 위해 멋진 이층집과 기사가 딸린 자동차를 제공했고, 한국 음식을 할 줄 아는 도우미까지 보내주었다. 급여는 한국에서 받던 연봉의 5배나 되었다. 이후 한국으로 돌아와 다시 취업을 했고, 그 당시에 내 연봉은 대기업 임원급이었다.

수입이 많았기 때문에 돈을 쓰는 데 주저하지 않았다. 돈 관리는 전혀 할 줄 몰랐고, 저축도 하지 않았다. 내가 그렇게 배짱을 부릴 수 있었던 이유는 앞으로도 계속 잘나갈 것이라는 근거 없는 자신감 때문이었다.

그렇게 잘나가던 나에게 위기가 찾아왔다. 2000년 즈음부터 제조업체들은 중국으로 공장을 옮기기 시작했다. 아이들이 어려서 중국으로 함께 가기에는 여의치 않아 결국 직장을 그만두었다. 그때 나는 '돈 무섭다'라는 말이 무엇인지 그 의미를 처음 알았다.

남편과 나, 아이 셋까지 다섯 식구의 살림살이는 녹록지 않았다. 나는 일하는 엄마이기에 아이들에게 물질적으로나마 충분히 채워주고자 했다. 좋은 옷, 좋은 책, 좋은 장난감이라면 다 사주고 봤다. 수입이 많을 때는 문제가 되지 않았지만, 직장을 관두고 나니 생활비가 적자를 기록하기 시작했다.

그때 나는 경제 공부를 제대로 해보고 싶었다. 재무상담사로서 새로운 커리어에 도전하고자 했다. 경제와 금융 분야 공부를 하면서 돈을 아끼지 않고 계획 없이 썼던 과거를 반성했다. 그때부터 통장을 쪼개고 가계부를 쓰면서 돈 관리를 시작했다. 여행자금, 주택자금, 교육자금, 노후자금 등 목적에 따라 통장을 나누었다. 이른바 우리 가족의 미래를 위한 '행복통장'이었다.

16년차 재무상담사이지만 나도 한때는 돈 무서운 줄 모르던 금융문맹이었다. 그래서 내가 만나는 이들의 현실적인 재무 고민에 더 공감할 수 있었고, 돈과 관련한 문제들을 함께 해결할 수 있었다. 그만큼 우리의 인생 설계는 아주 중요하다. 어떻게 준비하느냐에 따라 10년 후 미래를 바꿀 수도 있다. 멋진 미래를 위해 허리띠를 졸라매고 열심히 재테크를 해봐도 돈이 모아지지 않는다면 방법들을 처음부터 다시 체크해보아야 한다.

수입은 내 마음대로 늘릴 수 없으니 현실적으로 지출을 줄여야 한다. 혹시 누수자금은 없는지, 이를 찾는 방법들을 알아본다. 그리고 재테크 3원칙에 의해 투자계획을 세운다. 투자의 첫 번째 원칙은 '안정성'이다. 투자한 원금 손실 없이 안전하게 유용해야 한다. 이것은 재테크의 기본이다. 두 번째 원칙은 '수익성'이다. 투자의 목적은 수익을 올리는 것이고, 이는 재테크를 하는 이유다. 세 번째 원칙은 '환금성'이다. 언제든지 돈이 필요할 때 현금화가 가능해야 한다.

누구나 재테크에 관심은 많지만 기본을 지키지 않거나 원칙 없이 시작한다. 자녀교육비를 어떻게 마련해서 사용하고, 노후 준비를 하려면 어떻게 돈을 모아야 하는지조차 모르는 경우가 많다. 다만 다행인 것은 그들이 재테크의 필요성만큼은 느끼고 있다는 점이다.

나는 상담을 할 때 되도록 경제용어를 사용하지 않고 고객의 입장에서 말하고자 노력한다. 그런데 주어진 몇 시간 동안 한 사람의 인생을 이야기하다 보면 대부분의 사람들은 너무 복잡하고 머리가 아프다고들 한다. 그도 그럴 것이 돈을 늘 쓰면서도 이를 제대로 사용하는 방법은 생각해본 적이 없기 때문이다.

이 책을 읽고 일주일 동안 적어둔 방법들을 따라 하더라도 처음부터 돈 관리를 잘하기란 어려울 수 있다. 너무 버겁다면 재무 전문가의 도움을 받아보는 것도 좋다. 초행길이더라도 내비게 이션을 믿고 운전을 하면 목적지에 더 빠르고 안전하게 도착하는 것과 같은 이치다.

무엇이든 시작은 어렵고 두렵다. 그러나 시작했다는 그 자체로도 대단한 의미를 지닌다. 이것저것 재거나 고민하지 말고 지금 당장 '돈 공부'를 시작해보자.

박미향

집에 물이 새면 누수 경로부터 파악하듯이 새는 돈도 경로를 파악해야 낭비를 막을 수 있다. 돈이 어디서 어떻게 새고 있는지 그 방법을 1일차에 알아보자. 자산 이야기만 나오면 한없이 작아지는 사람들이 많다. 대출을 끼고 산 집도 자산일까? 할부를 물고 있는 자가용은 자산일까? 재테크 종합검진을 통해 자산의 개념을 새로 세우고 냉정한 관점에서 자산을 파악해보자.

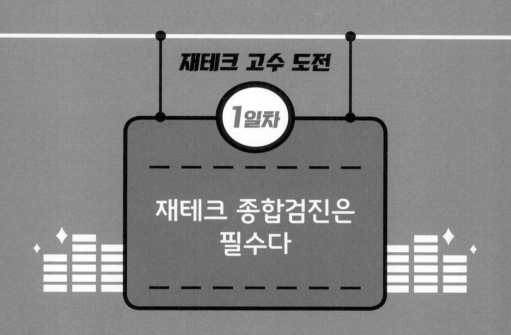

재테크 고수 도전

1일차

재테크 종합검진은
필수다

남편은 남의 편, "돈 다 어쨌어?"

돈이 부족하면 삶은 불편하고 힘들어질 수밖에 없다. 남편은 월급을 가져다줬으니 알아서 하라는 식이다. 이런 상황에서 삶의 여유를 얻고 가치 있는 목표를 추구하기란 어렵다.

☑ 돈 걱정 없고 싶다면 돈 관리는 필수

"남편이 어느 날 갑자기 그러더라고요. 내가 번 돈 다 어디 갔냐고요. '얼마 못 벌어주니까 다 썼지'라는 말이 목구멍까지 올라왔지만 참았어요. 제가 낭비라도 한 것처럼 말하니까 어찌나 화가 나던지…."

"살림하면서 재테크에 성공한 주부들의 이야기가 나오면 남편이 은근히 부러워하는 눈치예요. 그래서 한번 도전해보고 싶은데, 일하고 아이들도 돌보고 살림도 해야 하니 잘할 수 있을지 모르겠어요."

그동안 번 돈은 대체 어디로 갔을까? 저축은커녕 가계부는 늘 마이너스다. 남편은 한 술 더 뜬다. 차라리 펑펑 썼으면 억울하지도 않을 텐데, 쥐꼬리만 한 남편 월급이 원망스러울 때가 있다.

매달 카드값에 아이들 학원비, 대출이자와 보험료까지 내고 나면 월급통장은 얼마 못 가고 텅텅 비어버린다. 저축을 못하니까 미래가 불안하기만 하다. 남편에게 고민을 이야기하려고 해도 남편은 회사 일이 바빠서 관심도 없다.

물론 모든 남편이 그런 것은 아니지만, 대개는 월급을 주었으니 나머지 살림은 알아서 하라는 식이다. 이러한 상황에서 삶의 여유를 얻고 가치 있는 목표를 추구하기란 불가능에 가깝다.

세상을 살아가면서 내 뜻대로 안 되는 일이 많다. 우선 남편이 그렇고, 내가 낳은 아이들도 내 뜻대로 고분고분 자라주지 않는다. 그런데 이보다 더 다루기 어려운 것이 있다. 바로 돈이다. 그래서 돈을 요물이라고 하는 걸까?

2003년에 로또 1등에 당첨이 되면서 '돈벼락'을 맞은 사람이 있었다. 배당된 당첨금만 해도 무려 242억 원으로, 세금을 떼고도 189억 원이었다. 그 당시 로또 당첨자는 '이제 부자들처럼 평생 돈 걱정 없이 여유롭게 살 수 있을 것'이라고 생각했을 것이다.

하지만 현실은 그렇지 않았다. 당첨금은 5년 만에 다 날렸고,

결국 돈 때문에 사기 행각을 벌이다가 경찰에 붙잡히는 신세가 되었다. 이처럼 로또 당첨자의 약 70%가 파산했다는 조사 결과가 있다. 이는 무엇을 의미할까? 갑자기 큰돈이 생기면 유흥비로 흥청망청 써서 탕진하거나 섣부른 사업으로 실패해서 더 불행한 시간을 보낼 수도 있다는 경고의 메시지다.

우리는 로또 1등 정도의 많은 돈을 바라지는 않는다. 다만 우리 가족이 하고 싶은 것 정도의 돈이 있었으면 좋겠다고 생각할 뿐이다. 돈에 대해 아무런 욕심이 없는 것처럼 쉽게 이야기하지만, 사실 '하고 싶은 것 정도의 돈'이 있으려면 노력이 필요하다. 돈 걱정 없는 우리 집을 원한다면 먼저 돈 관리부터 해야 한다.

'돈 관리'라고 하니까 무척이나 거창해 보이고, 몇 푼이나 된다고 돈 관리를 하느냐고 생각하는 사람도 있을 것이다. 그런데 돈 관리는 돈이 많든 적든 해야 하는 일이다. 돈 관리의 중요한 점은 그동안 몸에 밴 생활 습관을 바꾸려면 시간이 필요하다는 데 있다. 짧게는 3개월에서 길게는 1년 정도 걸리기도 한다.

살면서 언젠가는 어려운 시기가 닥칠 수 있다. 그제야 정신이 번쩍 든다면 늦은 것이다. 당장 돈 때문에 힘들다거나 앞으로 돈을 잘 관리하고 싶다면 이 책을 통해 차근차근 배워보자. 재무상담사로서의 다양한 경험과 지식을 공유하고자 한다.

☑ 나만의 좋은 소비 습관을 만들자

많은 사람들이 재테크에 관심이 많다. 주식으로 돈 벌었다는 사람을 보면 주식시장을 눈여겨보게 되고, 부동산으로 돈 벌었다는 사람을 보면 부동산에 관심이 생긴다. 몇 해 전만 해도 비트코인으로 돈을 번 사람들의 뉴스를 보면서, 투자의 기회를 놓쳤다며 후회로 가슴을 치는 사람들도 많았다.

그러나 투자 대상과 관련 정보, 정확한 투자 방법도 모르는 상태에서 그저 누군가가 번 돈에만 관심을 갖고 불나방처럼 뛰어들면 안 된다. 무척 위험한 태도다. 그러다 손해만 입은 채 재테크에 대한 부정적인 선입견이 생겨서 좋은 투자의 기회가 오더라도 투자할 생각을 접어버리거나 불안한 마음에 금세 포기해버린다. 결국 돈 벌 기회는 사라진다.

최근 가정의 경제권을 쥐고 있는 주부들이 많다. 그들은 재테크에 관심이 많은 편이다. 경제 방송을 즐겨 보거나 문화센터에서 주최하는 재테크 강연을 찾아다니며 금융 공부를 한다. 그럼에도 금융은 생각보다 어렵다. 처음 듣는 경제용어도 많아서 머리가 아플 지경이다. 절반은 알아듣는 것 같기도 하고 절반은 아닌 것 같기도 하다. 강의를 들을 때는 알 것 같아서 고개를 끄덕거리다가도 집에만 돌아오면 강사가 뭐라고 했는지조차 기억이 잘 안 난다.

겨우겨우 짜낸 기억으로 이것저것 시도는 해본다. 생활비를 줄이기 위해 큰맘 먹고 가계부도 써보고, 통장도 여러 개로 쪼개서 돈 관리를 시작해본다. 하지만 곧 육아와 집안일로 바쁜 주부들에게 돈 관리란 어렵고 귀찮은 일이 되고 만다. 결국 며칠 해보다가 포기한다. 금방 돈이 굴러와서 쌓여야 하는데 뭔가 복잡하기만 하고 이전과 별 차이가 없는 것 같다.

더 큰 문제는 그동안 계획 없이 소비하던 습관이 쉽게 고쳐지지 않는다는 것이다. 마치 옷에 달라붙은 껌처럼 소비 습관이 쉽게 떼어지지가 않는다.

한 번쯤 다이어트를 해본 적이 있는가? 다이어트는 살을 빼고자 하는 의지만 있어서는 성공하기 어렵다. 식이요법과 꾸준한 운동, 그리고 생활 습관을 바꾸지 않으면 다이어트를 성공하기란 어렵다.

나는 다이어트를 섣불리 시작했다가 오히려 요요가 와서 다이어트 전보다 살이 더 찌기도 했었다. 돈도 마찬가지다. 조금만 방심하면 이전의 소비 습관으로 되돌아가려는 습성이 있다. 이번만큼은 실패하지 않는 나만의 좋은 습관을 만들어보자. 이 책에서 제시하는 방법을 따라가다 보면 생각보다 어렵지는 않을 것이다.

☑ 나의 금융문맹 점수를 확인해보자

연방준비제도이사회(Fed) 의장을 역임한 미국의 경제학자 앨런 그린스펀(Alan Greenspan)은 "글을 모르는 것은 사는 데 불편하지만, 금융을 모르는 것은 생존 자체가 어려우므로 금융문맹이 문맹보다 무섭다"라고 했다.

금융감독원 금융교육센터의 조사자료에 따르면 우리나라 성인의 금융문맹 비율은 OECD의 평균보다 낮다. 또한 재무목표가 있는 사람의 금융 지식은 재무목표가 없는 사람보다 높다고 한다. 참 재미있는 결과다. 특히 복리 계산, 재무상황 점검, 재무목표 설정, 금융상품 선택 방법 등의 분야는 취약하다는 조사결과까지 있다.

언젠가 방송에서 글을 모르는 어르신들이 너무 답답하고 불편하다며 글을 배우는 모습을 본 적이 있다. 잘 보이지도 않는 눈을 비벼가며 주름진 손으로 한 글자 한 글자 배우는 모습이었다. 알아가는 즐거움 때문에 기뻐하던 어르신들의 미소가 아직도 내 기억에 남는다.

금융도 마찬가지다. 배우고 공부해야 살아남는다. 금융을 모르면 생존 자체가 어렵다는 앨런 의장의 말에 나 역시 전적으로 동의한다. 저금리 시대에 언제까지 은행만 믿고 살 것인가?

나의 금융문맹 점수가 몇 점인지 한번 테스트해보자. 그리고

◆ 금융문맹 체크리스트 ◆

영역	분류	배점	조사 문항별 점수 배점
금융 지식	인플레이션과 구매력	1	정답은 1점, 그 외는 0점
	이자 개념의 이해	1	
	단리 계산	1	
	복리 계산	1	
	인플레이션의 의미	1	
	분산투자 개념	1	
	위험과 수익 관계	1	
	소계	7	
금융 행위*	가계예산 관리	1	가계예산 관리 1점
	적극적인 저축 활동	1	저축 경험이 있는 경우 1점, 그 외 0점
	신중한 구매	1	매우 동의 또는 동의의 경우 1점, 그 외 0점
	청구대금 적기 지급	1	
	평소 재무상황 점검	1	
	장기 재무목표 설정	1	
	정보에 입각한 금융 상품 선택	2	독자적 정보 이용 2점, 비교·검토 또는 일반정보 이용 1점
	가계수지 적자 해소	1	차입에 의존 0점, 그 외 1점
	소계	9	
금융 태도	저축보다 소비 선호	1.67	매우 동의=1점, 동의=2점, 보통=3점, 대체로 반대=4점, 완전 반대=5점
	미래보다 현재 선호	1.67	
	돈은 쓰기 위해 존재	1.67	
	소계	5	
금융이해력(합계)		21	

* 금융행위: 재무계획과 관리, 정보에 입각한 금융상품 선택 등 금융과 관련하여 소비자가 하는 행위
* 출처: 금융감독원

우리 집의 가정경제를 제대로 진단해보자. 가정경제 진단을 통해서 우리 집의 문제를 깨닫고, 금융을 차근차근 알아가는 과정을 한 계단씩 밟아보자.

은행 통장 관리, 셀프 재무 관리, 펀드 투자, 부동산, 연금, 세금 등 조금씩 공부하다 보면 재테크에 대한 개념이 생겨서 돈 관리를 하는 데 더이상의 스트레스는 없을 것이다.

☑ 부부 간의 소통이 중요하다

돈 관리를 각자 하는 부부가 많다. 월세나 대출금은 남편이 내고 식비는 아내가 내는 식으로 공동의 생활비를 함께 지출한다. 그런데 부모님 부양비용이나 자녀 양육비용은 누가 더 지출할지를 두고 애매한 상황이 생기기도 한다.

우리나라 사람들은 돈과 관련된 이야기를 마치 금기시하듯 잘 이야기하지 않는다. 마음먹고 돈 이야기를 하더라도 결과는 싸움으로 이어지는 경우가 많다.

부부가 돈을 각자 관리하면 마치 자기만 가정을 위해 애쓰고 있는 것 같아서 억울한 마음이 들 때도 있을 것이다. 그리고 배우자가 저축을 잘하고 있을 것이라는 막연한 기대도 한다. 그렇지만 정작 돈이 필요할 때가 생기면 모아둔 돈이 없다거나 생각보다 금액이 적어서 싸우고 만다.

결국 돈을 잘 나누어서 목적에 맞게 쓴다고 해도 각자의 경제적 상황이 서로에게 영향을 미칠 수밖에 없다. 똑똑하게 돈 관리를 하려면, 제일 먼저 경제 문제들을 부부가 함께 공유하고 그동안의 소비 습관도 투명하게 공개해야 한다.

먼저 부부의 총수입, 지출액, 저축액, 부채액을 파악해보자. 그런 다음 재무목표를 설정한 뒤 우선순위를 정하고, 어떻게 돈을 모을 것인지 그 방법도 함께 논의한다. 그리고 지출 금액 예산을 설정해서 함께 가계부를 쓴다.

가계부를 작성할 때는 매달 고정적으로 지출해야 하는 고정지출 내역을 꼼꼼하고 자세하게 정리한다. 그다음 남편과 아내의 개인 용돈에 관해서는 서로의 프라이버시를 존중하고 인정해준다.

이때 가장 중요한 태도는 '부부 간의 소통'이다. 매달 하루를 정해서 일종의 '가계부 데이트'를 한다. 그날은 가계부를 함께 살펴보면서 수입과 지출이 어떠했는지, 전달과 비교해서 어떠했는지, 앞으로 어떻게 할 것인지, 다음 달 계획에서 수정해야 할 부분은 없는지 등을 서로 이야기해본다.

먼저 수입부터
파악하라

소득에는 근로자의 근로소득, 자영업자의 사업소득, 건물주의 임대소득, 그리고 연금소득, 기타소득, 일시소득 등이 있다.

☑ 월급명세서를 철저히 해부하며 살펴보자

돈 관리를 시작할 때 가장 먼저 파악해야 하는 것이 우리 집의 '총수입'이다. 본인 또는 배우자의 실수령액이 얼마인지, 1년에 벌어들인 수입이 세금을 공제하고 얼마인지를 파악한다. 통상적으로 "월급이 얼마입니까?"라고 했을 때 여기서 '월급'이란 통장에 찍히는 '실수령액'을 말한다.

이때 수입은 매월 통장에 찍히는 실수령액만 있는 것은 아니다. 성과급, 명절 보너스, 복지 포인트 등 비정기 수입이 추가적으로 있다. 추가소득이 있을 때는 매월 받는 급여와 합쳐서 평균 소득으로 잡는다.

수입을 보려면 월급명세서를 철저히 해부하며 살펴봐야 한다. 특별히 눈겨여볼 것은 무엇인지 월급명세서의 A부터 Z까지 꼼꼼히 파악해보자.

월급명세서는 크게 '지급내역'과 '공제내역'으로 나뉜다. 지급내역은 회사에서 나에게 준 월급의 상세한 내역을 말한다. 공제내역은 월급에서 떼어간 내역이다. 따라서 지급액 합계에서 공제액 합계를 뺀 차액이 월급통장에 입금된다.

첫 번째로 지급내역을 살펴보자. 지급내역 항목에는 가장 중요한 기본급이 있다. 기본급은 회사에서 법정근로시간에 따라 지급하기로 한 월급이다. 기본급이 중요한 이유는 기본급을 기준으로 세금을 정하고 보너스가 결정되기 때문이다.

다음으로는 추가수당이다. 야근을 하거나 휴일에 근무하면 회사는 직원에게 추가수당을 지급해야 한다. 그런데 규모가 작은 회사의 경우에는 추가수당이 기본급에 포함되어 있기도 하다. 이것이 바로 포괄 임금제(연장근로수당, 야근수당 등을 기본급에 포함하는 임금제)다. 추가수당에는 법으로 정해진 휴가 일수를 사용하지 않았을 경우 받는 연차수당, 휴일에 출근하면 받는 휴일출근수당, 야근을 하면 받는 야근수당, 그리고 시간 외 수당이 있다.

그다음으로는 복리 후생비가 있다. 식대, 문화생활비, 유류비 등이 해당된다. 그리고 흔히 보너스라고 하는 상여금이 있다. 상여금을 지급하는 횟수나 시점은 회사마다 다르다. 분기나 반기에 줄 수도 있고 명절에 주기도 한다.

두 번째로 공제내역을 살펴보자. 대표적인 공제액으로는 4대보험이 있다. 국민연금, 건강보험, 고용보험, 산재보험이 해당된다. 4대보험 비용은 회사와 개인이 각각 50%씩 부담한다.

국민연금은 기준소득월액(국민연금의 보험료 및 급여산정을 위해 가입자가 신고한 소득월액)을 기준으로 9%를 회사와 절반씩 나눠서 납부한다.

건강보험은 보수월액(국민건강보험 직장가입자의 보험료를 부과하는 기준이 되는 금액)을 기준으로 6.67%(2020년 기준)를 회사와 절반씩 나눠서 공제한다. 장기요양보험은 건강보험의 일종으로 치매, 중풍 등 노인성 질환을 가진 노인들을 지원하는 보험이다. 장기요양보험은 건강보험료의 10.25%(2020년 기준)가 부과되어 건강보험료에 합산된다.

고용보험은 근로자가 실직했을 때 실업급여를 지급하거나 구직을 위한 교육을 지원하기 위한 보험이다. 고용보험은 보수월액의 0.8%씩 회사와 개인이 부담한다. 고용보험 요율은 회사의 규모에 따라 다르다.

국민연금과 건강보험은 본인이 직접 혜택을 받는 것이지만, 고용보험과 장기요양보험은 타인을 위한 사업에 쓰이거나 실직이라는 상황에 대비하기 위한 보험이다.

다음은 세금에 대해서 알아보자. 근로자는 소득의 일정 부분을 국가에 납부해야 한다. 소득세, 거주하는 지역의 지방세, 즉 주민세로 납부한다. 소득의 범위에 따라 소득세율은 다르지만 주민세는 소득세의 10%로 정해져 있다. 예를 들어 20만 원을 소득세로 납부했다면 주민세는 2만 원이 된다.

　세금과 4대보험을 납부했다고 공제내역이 끝나는 것은 아니다. 만약에 사내 동호회에 가입했거나 사우회에 가입했다면 회비를 공제하기도 한다. 이 모든 것을 더한 것이 공제액 합계다. 기본급, 수당, 상여금 등 지급액 합계에서 공제액 합계를 뺀 금액이 월급통장에 찍히는 실수령액이다.

☑ 변동성 많은 소득의 자영업자가 돈 관리하는 법

자영업자는 소득이 일정하지 않고 변동성이 많다. 게다가 사업자금과 가정에서 사용하는 생활비를 하나의 통장으로 이용하는 경우가 많다. 그래서 수입과 지출을 파악하기가 어렵다. 매일 현금을 다루다 보면 쉽게 사라지기도 한다. 결국 생각지 못한 지출로 생활비 비중이 높아질 수 있다. 따라서 사업자금과 생활자금을 분리해서 관리하고, 지출에 대한 점검이 필요하다.

　현명한 돈 관리를 하기 위해서는 먼저 현금의 흐름부터 파악해야 한다. 수입이 가장 적을 때를 기준으로 잡고, 사업자금용

통장과 생활비용 통장을 구분한다. 일정 금액을 따로 떼서 사용해야 돈의 흐름을 파악할 수가 있어서다.

자영업자는 사업장과 관련한 비상금 확보가 중요하다. 비상금은 사업소득의 10% 정도로 준비한다. 비상금은 말 그대로 사업을 하다가 비상시에 사용할 수 있는 돈으로, 필요할 때가 생기면 유용하게 쓸 수 있다. 그리고 국민연금 외에 따로 퇴직금이 없으므로 노후를 위한 개인연금을 준비해야 한다.

☑ 불규칙한 수입의 프리랜서가 돈 관리하는 법

프리랜서의 수입은 매월 일정하지가 않다. 수입이 불규칙하기 때문에 절대적으로 돈을 잘 모아야 한다. 갑작스러운 경제위기 상황에 대비하기 위해서다. 매달 반복적으로 지출하는 내역을 체크하고, 가능한 한 고정지출을 줄여야 한다.

프리랜서는 노후도 스스로 준비해야 하므로 미리미리 노후자금을 준비하는 것이 좋다. 그리고 각자가 처한 상황에 맞춰 혹시 모를 리스크에 대한 보장을 준비한다. 소득의 변동성 폭을 줄이는 것이 프리랜서 재테크의 핵심이다. 소득이 생기면 빠르게 대비책을 실행해야 하고, 정기적·장기적인 소득원을 만들어야 한다.

지출 경로를
구체적으로 추적하라

내가 돈을 어디에 얼마나 쓰는지 제대로 아는 것이 재무 관리의 핵심이다. 그런데 지출을
자세히 파악하고 있는 사람은 많지 않다. 결국 '텅장' 신세를 면치 못한다.

☑ 왜 월급은 통장을 스쳐가는 걸까?

돈은 벌고(+), 쓰고(-), 불리고(×), 나누는(÷) 것이다. 쉽게 말하면 돈이란 더하고, 빼고, 곱하고, 나누는 사칙연산이 필요하다. 사칙연산의 가장 기본은 곱하기와 나누기를 더하기와 빼기보다 먼저 해야 한다는 것이다. 그래야 올바른 답을 얻는다.

월급도 마찬가지다. 한 달을 열심히 일해서 돈을 번다(+). 월급, 수당, 명절 보너스, 임대소득, 사업소득, 이자, 소득공제 금액 등이 월급통장으로 들어온다. 그런데 '딩동딩동' 하며 휴대폰 알람음이 쉬지 않는다. 공과금, 보험료, 학원비, 대출이자, 통신비, 교통비, 양육비, 경조사비, 할부금 등 여기저기로 돈이 빠져나간

다. 월급을 받은 지 일주일도 지나지 않아서 월급통장은 텅텅 빈 '텅장'이 되고 만다. 월급을 받고 '텅장'이 될 때까지 걸리는 시간은 불과 평균 17일이다(2017년 구인·구직 매칭 플랫폼 '사람인'에서 직장인 603명을 대상으로 조사한 결과).

통장에 잔고가 없으면 신용카드로 한 달을 산다. 신용카드가 생기면서 지출은 너무나 편리해졌다. 하지만 그 편리함 때문에 오히려 한 달 지출액을 제대로 파악하기가 어렵다. 신용카드 청구서가 날아오면 깜짝 놀란다. '내가 언제 이 많은 돈을 썼지?' 하며 말이다.

마이너스(-) 비중이 커지는 것은 큰 문제다. 먼저 곱하고 나눠야 할 주택마련자금, 자녀교육자금, 자동차 구입비, 대출 상환 등 미래를 위해 불려야(×) 할 돈이 없다.

문제가 풀리지 않는다고 가만히 앉아서 머리만 쥐어뜯고 있을 때가 아니다. 문제의 정답을 찾기 위해서는 나의 상태를 똑바로 알아야 한다. 바로 이것이 재무 관리의 핵심이다. 먼저 지출의 종류와 항목을 살펴보자.

- 공적지출 내가 조절할 수 없는 지출이다. 4대보험, 세금 등이 여기에 속한다.
- 고정지출 한 달에 한 번 주기적으로 나가는 고정적인 지출이다. 관리비, 공과금, 교통비, 보험료, 대출금 등이 해당된다.

- 변동지출   주기적이지 않고 상황에 따라 지출하는 돈을 말한다. 식비, 문화비, 용돈, 생활비, 유흥비 등이 해당된다. 변동지출은 소비 습관에 따라서 금액 차이가 커진다. 쓰고자 하면 지출액이 늘고, 절약하고자 노력한다면 언제든지 줄일 수 있는 부분이다. 일반적으로 소비를 통제하려면 변동지출부터 잡는 것이 기본이다.
- 비정기지출   1년을 주기로 돌아오는 지출이다. 명절, 휴가비, 의복비, 경조사비, 자동차세 등이 해당된다.

☑ 현금의 흐름 파악하기

돈 관리를 제대로 하겠다고 마음먹었다면 현금의 흐름을 파악해야 한다. 우리 집의 한 달 수입과 지출을 파악하는 이유는 현재 자산 현황과 문제점을 진단하기 위해서다. 자금이 왜 부족한지, 아니면 왜 남는지 등을 파악해야 수입을 관리하는 데 도움이 된다.

이때 필요한 것이 바로 현금흐름표다. 현금흐름표를 작성할 때 주의해야 할 점은 크게 5가지다.

- 수입과 지출 항목을 분류한다.
- 수입란은 고정수입과 비정기수입으로 구분한다.

- 본인과 배우자, 그 외의 소득 항목을 구분한다.

- 지출란은 저축과 투자, 고정지출, 변동지출로 구분한다.

- 저축과 투자는 매월 실제 납입금액으로 적는다.

이밖에도 주의해야 할 사항이 있다. 현금흐름표상의 지출액은 대금 결제 날짜보다 결제한 시점을 기준으로 작성해야 한다. 예를 들어 2월에 구매한 상품의 신용카드 대금은 보통 3월 이후에 지불한다. 이때 지출액을 결제 시점인 2월의 지출액으로 작성한다. 이렇게 현금흐름표를 작성하면 재무 관리의 감도 익히고 자산평가도 가능해진다. 다음 달 가계 관리 방법도 예측하면서 진정한 '우리 집 자산관리자'가 된다.

그리고 누수자금을 파악해야 한다. 누수자금이란 자기도 모르게 낭비되고 있는 돈을 말한다. 가계부를 살펴보면 알게 모르게 낭비되는 돈이 많아서 깜짝 놀랄 것이다. 그러니 누수자금을 파악해보고 이를 줄여야 한다.

얼마를 벌어서 얼마를 쓰고 있는지 아는 것이 최고의 재테크다. 물론 돈을 불리는 방법이라든가, 임대소득을 창출한다든가, 자기계발을 통해서 수입을 창출하는 것도 중요하다. 그럼에도 더 쉽고 중요한 것이 지출 관리다. 지출 관리만 잘해도 돈이 돈을 벌기 때문이다.

◆ 현금흐름표 ◆

수입			지출		
구분	세부 항목	금액	구분	세부 항목	금액
고정수입	본인 월급		저축·투자	적금	
	배우자 월급			장기주택마련저축	
	이자·배당소득			연금저축	
	사업소득			저축성보험	
	임대소득			변액유니버셜	
	연금소득			펀드	
	기타소득			기타	
	고정수입 합계			**저축·투자 합계**	
비정기수입	비정기수당		고정지출	대출 상환액	
				소득세	
				세금·공과금	
				관리비	
				보장성보험료	
				기타	
				고정지출 합계	
			변동지출	피복비	
				식비	
				외식비	
				교통비	
				통신비	
				교육비	
				기타	
	비정기수입 합계			**변동지출 합계**	
총수입			**총지출**		

☑ 우리 집 가정경제에 빨간불이 켜졌어요

40대 후반의 한 부부가 재무상담을 받으려고 사무실로 찾아온 적이 있다. 그들은 외벌이로 월수입이 1천만 원인데도 마이너스 상황이었다. 자세히 살펴보니 수입의 대부분이 품위유지비와 자녀교육비로 지출되고 있었다.

나는 부부에게 현재의 재정상태를 스스로 작성하게끔 했다. 재정상태를 작성해보면 본인의 지출 습관을 알게 되고 자연스럽게 반성하는 시간이 된다. 평소에 자신들이 돈을 어떻게 쓰고 있었는지도 몰랐다가, 지출 내역을 정리하다 보면 자신의 지출 습관이 한눈에 보이기 시작한다.

부부는 한 달에 얼마를 쓰고 있는지, 정확하게 그 내역을 작성하는 것조차 힘들어했다. 월소득이 1천만 원인데도 왜 매달 마이너스였을까? 3개월치 신용카드 사용 내역을 분석해보니 그 원인을 3가지로 정리할 수 있었다.

- 5개 이상의 신용카드를 사용하고 있다.
- 외식비와 자녀교육비 지출이 높다.
- 불필요한 지출과 충동적인 지출이 많다.

나는 그들에게 3개월간의 지출 내역을 분석해서 현재의 소비 상태가 얼마나 위험한지를 알려주었다. 그러고는 부부의 올바른 소비 습관을 만들기 위한 방안을 다음과 같이 제시했다.

☑ 새는 돈을 막아라

부부에게 꼭 맞는 지출 관리 방법은 바로 '영수증 모으기'다. 사람들은 보통 현금보다는 신용카드를 많이 쓰는 편이다. 결제할 때마다 나오는 영수증은 귀찮다는 이유로 그냥 버린다. 그런데 이제는 영수증을 버리지 말고 모아보자.

영수증을 모을 상자를 3개 준비하고, '필수지출' '투자지출' '낭비지출'이라는 이름표를 각각 붙인다. 그리고 영수증이 생길 때마다 3개의 상자에 구분해서 넣는다. 정말 필요해서 쓴 지출은 '필수지출' 통으로, 투자를 위한 지출은 '투자지출' 통으로, 계획에 없던 충동구매나 과소비라고 생각되는 지출은 '낭비지출' 통으로 넣는다.

그런 다음 한 달 동안 모아둔 영수증을 꺼내서 각 지출 금액들을 더해본다. 이때 낭비지출은 새는 돈을 파악하는 데 도움이 된다. 이를 바탕으로 '다음 달에는 낭비지출을 절반으로 줄이겠다'라는 식의 목표를 세운다. 다만 처음부터 '낭비지출을 0원으로 만들겠다'라는 무리한 목표는 금방 지치고 포기하게 한다. 조금은 숨쉴 수 있는 틈을 남겨야 포기하지 않고 재미있게 지출 관리를 할 수 있다.

이렇게 줄인 낭비지출은 잘 모아서 자기가 평소에 하고 싶었던 것을 하는 데 쓰면 어떨까? 보너스를 받은 기분이 들 것이다. 스트레스 없이 재미있게 지출 관리를 하다 보면, 어느새 돈을 계획적으로 쓰는 습관을 들이게 된다.

일상생활에서 새는 돈들이 있다. 적은 금액으로 낭비하면서 재미를 느끼는 일명 '탕진잼', 스트레스를 받아 지출하게 되는 '홧김비용', 실수로 쓰게 된 '멍청비용' 등이 그렇다.

스트레스를 풀기 위해 지출하는 비용들은 '나를 위해 이 정도는 써도 되지 않을까' 하면서 지출을 합리화한다. 스트레스가 잠시 해소는 될 것이다. 하지만 또 다른 비용을 발생시켜서 더 큰 스트레스를 유발한다.

☑ 앵커링 효과, 디드로 효과, 심리적 회계

배가 어느 지점에 닻을 내리면 그 지점에서 크게 벗어나지 못하고 근처를 맴도는 것처럼, 인간도 각인된 정보를 기준으로 판단하려는 경향이 있다. 이를 앵커링 효과(Anchoring effect)라

한다. 이는 사람들이 어떤 판단을 할 때 초기에 접한 정보에 집착해서 합리적 판단을 내리지 못하는 현상을 일컫는 행동경제학 용어다.

이를 테면 상대방한테 나에게 유리한 정보를 초반에 제시함으로써 상대방이 생각할 수 있는 범위를 제한하는 것이다. 이때 상대방은 스스로 합리적인 결정을 했다고 생각한다.

마트에서 많이 하는 '원 플러스 원' 판매 전략도 앵커링 효과다. 기존 가격에서 30% 혹은 50% 할인된 가격으로 물건을 구입하거나 덤으로 하나를 더 얻으면서 합리적인 소비를 했다고 생각하게 만든다. 이로써 소비자들에게 소비를 하도록 부추긴다.

디드로 효과(Diderot effect)란 하나의 물건을 구입한 후 그 물건과 어울리는 다른 제품들을 계속 구매하는 현상이다. 백화점에서 세련된 원피스 한 벌을 구입했다고 가정해보자. 새로 산 원피스를 입으려니 그에 어울리는 구두와 가방이 필요해진다. 결국 새로 산 원피스 한 벌이 또 다른 맞춤소비로 이어져서 생각지 못하게 돈을 쓴다.

옷뿐만 아니다. 인테리어 소품, 주방용품, 취미용품 등도 맞춤소비를 하게 된다. 하나의 소비가 구매의 연속으로 이어지는 셈이다.

길을 가다가 5만 원을 주웠다고 가정해보자. 아마도 돈을 빨리 쓸 생각부터 할 것이다. 대다수의 사람들은 공돈은 되도록 빨리 써버려야 한다고 생각해서 쉽게 써버린다. 전혀 아까워하지 않는다. 이를 심리적 회계(Mental accounting)라고 한다.

우리는 '마음속의 가계부'를 가지고 있다. 같은 금액이라도 심리적으로 어떻게 분류하느냐에 따라 돈의 가치는 높아지기도 하고 낮아지기도 한다. 지갑에 있는 내 돈 5만 원이나 길에서 주운 5만 원이나 돈의 가치는 같다. 그런데 우리는 쉽게 얻은 공돈은 원래 '내 돈이 아니다'라고 여겨서 아깝다는 생각을 덜한다.

현금을 사용할 때보다 신용카드일 때 돈을 더 쉽게 쓰고, 필요한 물건도 아닌데 할인한다는 이유로 소비하는 행동 등이 심리적 회계로 인한 비합리적 소비다. 이는 꽤 빈번하게 일어나는 행동들이다.

☑ 누수자금을 줄이는 팁

다음은 생활비 중에서 큰 비중을 차지하는 지출 항목들이다. 관점을 조금 달리하면 누수자금을 줄일 수 있다.

- 보장성보험료　가장의 소득 10% 이상을 보험료로 지출하고 있다면, 보험 리모델링을 통해서 보험료를 조정해야 한다.
- 자녀교육비　부모의 욕심 때문에 지출되는 교육비인지, 아이의 재능을

발전시키기 위한 교육비인지를 냉정하게 생각하고 고민해보자. 만약 부모의 욕심으로 인한 지출이라면 이를 과감하게 줄이고, 아이의 미래를 위한 목적으로 자금을 만드는 것이 백번 낫다.

- 외식비와 통신비　외식비는 지출 횟수를 정해야 한다. 통신비는 좀더 저렴한 요금제로 갈아타야 가계 부담을 줄일 수 있다.

돈 관리를 소홀히 하면 가계경제에 구멍이 뚫렸다는 몇 가지 징후가 나타난다. 일명 '가계 부도의 조짐'이라고 할 수 있는 5단계 징후는 다음과 같다.

- 1단계　정확한 수입과 지출 규모를 모른다.
- 2단계　월 저축액이 소득의 20% 미만이거나 비상자금이 없다.
- 3단계　카드를 쓰지 않으면 한 달 생활이 되지 않는다.
- 4단계　부채가 꾸준히 늘어난다.
- 5단계　가계부를 쓰지만 좀처럼 개선이 되지 않는다.

만약에 1~3단계에 해당된다면 그나마 다행이다. 수입과 지출을 파악하고 가계부만 꼼꼼히 작성해도 효율적인 돈 관리가 가능하다. 그러나 안타깝게도 4~5단계까지 해당되면 해결하는 데 상당한 시간이 걸릴 수 있다. 만일 4~5단계 징후가 나타난다면 빠른 시일 내에 전문가의 도움을 받아야 한다. 바로 도움을 받을 수 있는 상황이 아니라면 재무상의 문제를 타파할 수 있는 3가지 방법이 있다.

첫째, 수입부터 파악한다. 수입은 지난 한 해 급여명세표나 통장에 입금된 금액, 원천징수영수증과 근로소득명세서를 조사하면 쉽게 파악할 수 있다. 총수입에 나누기 12를 하면 한 달 수입의 규모가 어느 정도인지 알 수 있다.

둘째, 수입의 범위 내에서 지출예산을 세운다. 지출예산은 매월 발생하는 지출뿐만 아니라 비정기적으로 발생하는 연간지출까지 꼼꼼히 파악한다.

셋째, 지출 항목마다 10%씩 축소한다. 어떤 항목에서 지출을 줄여야 할지 모르겠다면 지출 항목마다 10%씩 축소해보는 것이 좋다. 절감한 금액은 CMA나 카카오뱅크 수시입출금 통장에 저축해두었다가 생활비가 부족하거나 긴급상황이 생길 때 빼서 쓰도록 한다.

돈 걱정 없이, 돈이 필요한 시점에 필요한 만큼 항상 준비되어 있다면 충분히 행복한 삶이다. 그러기 위해서는 3년 후, 10년 후, 20년 후에 쓸 돈들을 '저축창고'에 쌓아두어야 한다. '개미와 베짱이' 이야기 속의 개미처럼 말이다. 그러니 미래에 쓸 돈을 마련하기 위해서는 현재의 지출을 줄여서 저축해야 한다.

그럼에도 주변에는 베짱이 같은 사람들이 많다. '몇 년 후에 무슨 일이 일어날 줄 알고! 나중엔 어떻게든 되겠지' 하며 안일한 생각으로 미래를 대비하지 않는다. 그저 한 달 벌어서 내일 당장 죽을 것처럼 오늘을 산다.

맛집을 찾아다니며 먹고 싶은 것 다 먹고, 즐길 것 다 즐기면서 미래를 준비하지 않으면 어떨까? 추운 겨울이 되어서야 개미 집에 찾아가서 먹을 것을 구걸하는 베짱이가 될 것인가? 그렇지 않으려면 지금 나의 현실을 제대로 파악해야 한다. 그리고 나와 나의 가족이 꿈꾸는 미래를 위해 현재의 수입을 바탕으로 현명한 소비와 저축을 고민해야 한다.

그래서 우리 집 자산은
얼마인가?

가정경제를 돌아보는 시간을 가져야 한다. 본격적인 재테크에 앞서서 수입, 지출, 부채현황 등 재무상태부터 확인하는 것이 좋다. 즉 재무상태표를 작성하는 단계가 필요하다.

☑ 우리 집의 순자산은 얼마인가?

어떤 일이든 잘 알고 파악하는 것이 우선이다. 나에게 맞는 옷을 살 때도 나의 체형을 잘 알아야 멋진 스타일이 만들어지고, 운동을 시작하기 전에 나의 체력과 근력을 알아야 나에게 적합한 운동 방법을 선택할 수 있다. 재테크도 마찬가지다.

우리 집 자산 상태와 돈이 어디에 어떻게 사용되고 있는지를 알아야 돈 관리를 잘 할 수 있다. 어느 날 은행에 볼일을 보러 갔는데 은행 직원의 권유로, 상품이 좋다는 이유만 듣고 무작정 하는 저축과 투자는 불안하고도 위험하다.

은행에 가기 전에, 펀드에 가입하기 전에, 보험을 가입하기 전에 먼저 할 일은 우리 집 가정경제를 파악해보는 것이다. 기본적인 수입과 지출, 부채현황, 재무상태부터 확인하는 것이 좋다. 재무상태표를 활용해 현재 보유하고 있는 자산과 부채를 구분하고, 이를 유형별로 세분화해서 해당되는 칸에 꼼꼼하게 작성해야 한다.

☑ 재무상태표를 만들자

재무상태표는 가정의 자산과 부채현황, 자산에서 부채를 제외한 순자산이 얼마인지를 확인할 수 있는 표다. 자산은 크게 현금성자산, 투자자산, 사용자산, 기타자산으로 분류한다.

　현금성자산이란 언제라도 현금화가 즉시 가능한 자산, 유동성이나 위험부담이 낮은 자산을 의미한다. 투자자산이란 미래

◆ 재무상태표 ◆

자산	부채
현금성자산(예금, 적금 등)	단기부채(신용카드)
부동산자산(자가, 전세보증금 등)	장기부채(주택담보대출, 자동차 할부금)
투자자산(주식, 투자용 부동산 등)	
순자산	

수익발생 가능성을 염두에 두고 보유하는 자산을 의미한다. 투자자산은 주식·적립식 펀드·채권처럼 금융 투자자산도 있고, 거주용이 아닌 투자수익을 염두에 둔 투자용 부동산자산도 있다. 사용자산이란 거주 목적의 부동산자산(임차보증금 포함) 등이 포함된다.

부채는 어떻게 분류할 수 있을까? 부채는 상환 기간에 따라서 단기부채와 중장기부채로 나뉜다. 신용카드 미결제액, 카드론, 자동차 할부금, 학자금 대출, 신용대출(마이너스대출), 주택담보대출, 임대보증금 등이 모두 부채 항목에 포함된다.

1년에 한 번씩이라도 가정의 재무상태표를 작성함으로써 매년 순자산이 어떤 식으로 변하는지 체크해야 한다. 이는 무척 중요한 작업이다. 변화폭을 체크해서 가정의 경제활동 결과를 낼 수 있다.

자산의 변화는 그 가정의 재정건전성을 나타내는 중요한 지표이며, 지금까지 가정경제를 운용해온 결과치의 성적표이기도 하다. 자녀들에게 좋은 성적을 바라는 부모의 입장에서 지금 내가 쥔 성적표가 마음에 드는가?

사람들이 상대적으로 경제에 관심이 덜한 이유는 경제가 지루하고 딱딱하다는 편견 때문이다. 금융을 알고 지출을 통제하면 새로운 세상에 눈을 뜰 수 있다. 돈은 지금 이 순간에도 생각지 못한 곳에서 조금씩 새고 있다. 2일차에는 지출을 통제하는 방법을 알아본다. 지출의 상당 부분을 차지하는 자녀교육비, 고정지출인 교통비와 통신비 등을 효율적으로 줄이는 방법에 대해서 살펴보자.

재테크 고수 도전

2일차

지출을
통제해야 한다

지출,
금융 개념의 시작이다

기분전환을 핑계로 돈을 쓰고 나서 밀려오는 카드값은 어쩔 것인가? 돈으로 인한 만족감은 한순간일 뿐이다. 그 순간이 지나고 나면 해결되지 않은 문제는 그대로 남아 있고, 돈은 사라지고 없다.

☑ 나를 위한 힐링은 지름신과 함께?

"간만에 나를 위한 힐링으로 질렀어요!"

"지름신 강림! 가방 좀 봐주세요."

아이를 키우는 엄마들의 한 살림·육아 인터넷 카페에 들어가보면 이런 제목의 글들을 심심찮게 볼 수 있다. 글을 쓴 이들은 '남편이 속을 썩인다' '육아가 너무 힘들어서 충동구매를 했다'라고 하면서 쇼핑한 물건의 인증샷을 올리거나 맛집에 가서먹은 음식을 자랑한다. 댓글은 칭찬이거나 응원 일색이다.

"잘하셨어요! 가끔은 나를 위해서도 돈을 써야 한답니다."

"나만 궁상떠는 거 누가 알아주나요? 남편이 알아주긴요. 저는 요새 사고 싶은 거 있으면 팍팍 사요."

누구도 충동구매를 말리는 사람은 없다. 다들 잘 샀다거나 스트레스를 받을 때는 확 질러버리라며 응원까지 한다. 그중에서 가끔 실리적인 댓글을 쓰는 사람도 있다.

"저는 요즘 금을 사는 데 재미 들렸어요. 남편 몰래 빼돌린 돈을 모아서 스트레스를 받을 때마다 금을 사요."

워킹맘인 보라 씨의 하루를 들여다보자.

"엄마, 오늘 어린이집 안 가면 안 돼? 나 엄마랑 있을 거야!"

보라 씨는 오늘도 우는 딸아이를 겨우 달래서 어린이집에 보냈다. 아이를 선생님 손에 맡기고 회사로 출근하는 길이 편치 않았다. 보라 씨의 눈에 카페가 들어왔다. '속상한데 이 정도는 괜찮겠지?'라며 라테 한 잔으로 저릿한 마음을 달랬다. 바쁜 오전을 보내고 오후에는 기분이 좀 나아졌다. 오후에 거래처와 미팅을 한 후, 큰 성과를 냈다. 상사와 동료들이 전부 보라 씨를 칭찬했다.

"차장님, 한턱 쏘세요!"

기분도 좋은 데다가 여기저기서 조르는데, 보라 씨는 가만히 있을 수 없었다.

"그럼 제가 오늘 간식 쏘겠습니다!"

배달되는 피자 상자들을 보면서 보라 씨는 속이 쓰렸다. '밥

사라고 안 하는 게 어디야. 그나마 간식은 싸게 먹힌 거지. 너무 안 사도 짠순이 소리 들을 거고, 이럴 때 아니면 언제 사.'

보라 씨는 이렇게 합리화하고 곧 돈을 쓴 일을 잊어버렸다.

"엄마, 이거 사주면 안 돼? 엄마~."

퇴근 후 아이와 마트에 갔더니 딸아이가 장난감을 사달라고 졸랐다. '직원들에게 피자도 사줬는데 아이에게 장난감 하나 못 사줄까?'라며 5만 원이 넘는 주방놀이 장난감을 아이 품에 안겼다. 평소에 아이와 많은 시간을 보내지 못하는데, 아이가 갖고 싶은 것도 사주지 못하는 엄마가 되기 싫어서다. 보라 씨는 아이에게 장난감을 선물하며 미안한 마음을 조금이나마 덜어냈다.

☑ 만족감은 한순간, 돈은 어디에?

워킹맘이라면 보라 씨의 하루가 남 일 같지 않을 것이다. 그녀의 소비 행태는 모두 감정과 연관되어 있었다. 아이에게 미안해서, 기분이 좋아서 혹은 속상해서 돈을 썼다. 비단 그녀에게만 해당되는 문제는 아닐 것이다. 일하는 엄마들뿐만 아니라 적지 않은 사람들이 기분이 좋아서 근사한 외식을 하고, 허전한 마음을 달래기 위해서 옷과 구두를 사기도 한다.

이처럼 감정은 지출에 큰 영향을 준다. 특히 주부들은 가정에서 받는 스트레스가 이만저만이 아니다. 남편과 다투거나 가족들이 자기 마음을 몰라줄 때, 아이가 말을 안 듣거나 사고 싶은 게 있다고 조를 때, 부모님 혹은 친척들 때문에 스트레스를 받을 때 엄마들은 정말이지 마음이 흔들린다. 이럴 때는 기분전환이 필요한데 문제는 이것이 전부 돈, 그러니까 소비와 직결되어 있다는 점이다.

돈으로 기분을 전환하는 것은 좋다. 그런데 소비가 반복되면 가정경제가 크게 휘청거릴 수밖에 없다. 기분전환을 핑계로 돈을 쓰고 나서 다음 달에 밀려드는 카드값은 어쩔 것인가? 이뿐만 아니라 돈으로 해결하는 만족감은 한순간이다. 그 순간이 지나고 나면 문제는 해결되지 않은 채 그대로 남아 있고 돈만 사라지고 없다.

워킹맘이라면 한번 생각해보자. 우리가 매일 같이 출근하고 녹초가 되어서 집에 들어오는 이유는 무엇인가? 경제적으로 조금이라도 더 안정된 삶을 위해서가 아닌가? 대부분의 주부가 이런 이유로 가사와 일을 병행하지만, 맞벌이 가정일수록 씀씀이가 큰 것 또한 사실이다.

맞벌이가 선택이 아닌 필수가 된 요즘이다. 맞벌이 가정은 대체로 외벌이 가정보다 더 많이 지출한다. 품위유지비, 자녀교육비, 외식비로 돈을 모으지 못했는데, 한 사람이 사정이 생겨서 일을 못하게 되었을 때 위험에 빠질 수 있다. 둘이 벌어도 결국은 소득은 1이 되고 만다. 한 사람의 소득 1이 더해져서 소득 2를 만들기 위해서는 외벌이 가정처럼 소비를 줄여야 한다. 외벌이 가정도 저축하고 주택을 구입하며 자녀를 키우면서 살고 있으니 말이다.

☑ 돈과 결혼하지 않았군요?

결혼이란 사랑하는 사람 둘이 하나가 되는 것이다. 몸은 결혼을 했지만, 돈은 결혼하지 않은 부부가 많다. 결혼을 함과 동시에 통장도 일종의 결혼을 시켜야 한다. 월급을 받으면 하나의 통장으로 합치고, 생활비통장에 가족이 쓰는 한 달치 생활비를 넣어놓고 정해진 예산 안에서 생활해야 한다.

또한 각자 필요한 돈은 용돈통장을 만들어서 한 달 용돈을 보내는 방식으로 통장을 분리하는 게 좋다. 이렇게 해야 어디에 얼마를 쓰고 저축은 얼마를 할 수 있는지 파악할 수 있다.

통장을 결혼시키고 돈을 컨트롤하기 위해서는 돈 관리를 누가 할 것인지도 정해야 한다. 돈 관리를 하는 사람은 경제 관념도 있고 감정 컨트롤을 잘하는 사람이 좋다.

감정 컨트롤을 잘한다는 것은 곧 지출통제를 잘할 수 있다는 뜻이다. 감정을 통제하면 돈을 쓰기 전에 돈을 써야 하는 이유가 무엇인지 다시 한 번 생각한다. 지금 꼭 필요한 지출인지, 단지 현재의 부적절한 감정을 해소하기 위한 수단인지 등을 고려한다. 만약 감정 때문이라는 것을 인식한다면 우리는 충분히 지출을 통제할 수 있다. 역으로 지출을 잘 통제하고 있다면 자신의 감정 역시 잘 컨트롤하고 있다는 의미다.

지출의 기준을 정하자. 중요하고 시급한 것, 중요한데 시급하지 않은 것, 시급한데 중요하지 않은 것, 중요하지도 시급하지도 않은 것, 이렇게 4가지 기준을 세워서 어디에 해당되는지 정한다. 그러면 써야 할 돈과 쓰지 말아야 할 돈을 구분할 수 있다.

어느 날 펭귄 다큐멘터리를 본 적이 있다. 펭귄 떼가 모여서 바다에 들어갈지 말지를 주저했다. 바닷속에 들어가 먹이를 구해야 하는데 물속에 천적들이 숨어 있을까봐 선뜻 뛰어들지 못했다. 그런데 용기 있는 한 마리의 펭귄이 바다에 뛰어들자 다른 펭귄들도 바다에 뛰어들었다. 이와 비슷하게 다른 사람이 상품을 사면 이를 따라 사는 구매 행태를 '펭귄효과'라고 한다.

지인이나 유명인사 등 누군가가 사면 폭발적으로 구매가 늘어나는 현상도 이에 포함된다. 내가 구매한 물건이 혹시 누군가를 따라서 산 것은 아닌지 한번쯤 생각해본다면, 필요한 것만 구매할 수 있지 않을까?

지출할 때는 남의 시선을 의식하지 않아야 한다. 좋은 옷, 좋은 가방, 좋은 차 등이 지금 나에게 정말 필요한 것인지, 아니면 과시하고픈 욕구를 해소하기 위한 수단은 아닌지 곰곰이 생각해보라. 타인을 의식하는 소비는 결코 나에게 아무런 도움이 되지 않는다.

☑ 좋은 습관은 부의 디딤돌

프랑스의 수학자 블레즈 파스칼(Blaise Pascal)은 "습관은 인간이 가진 두 번째 천성으로, 그 사람의 첫 번째 천성을 파괴한다"라고 했다. 돈 쓰는 습관도 마찬가지다. 사람들이 사는 모습은 저마다 다르다. 누구는 가난한데 누구는 부유하고, 누구는 병들었는데 누구는 건강하다.

차이가 생기는 원인이 습관에 있다고 생각한다. 사소한 습관이 성공의 디딤돌이 되거나 걸림돌이 된다. 누구나 좋은 습관 혹은 나쁜 습관을 가지고 있다. 이때 돈에 관한 좋은 습관을 들여야 돈을 모을 수 있다. 부자들은 이 습관을 소중하게 생각하지만, 돈을 못 모으는 사람들은 습관을 우습게 생각한다. 작은 돈이라도 소중히 여기는 것이 부자가 되는 지름길이다.

제대로 돈 쓰는 습관을 들여서 돈 걱정 없이 여유 있게 살기 위해서는 가장 중요한 것이 내가 돈을 쓸 때 얼마를 쓸지를 정하는 것이다. 그때그때 있는 만큼 쓰고 신용카드로 긁을 것이 아니라, 돈을 쓰기 전에 예산을 세우고 그 예산의 범위 안에서 지출하는 습관을 가져야 한다.

돈 관리가 필요하다는 생각이 들었다면 먼저 해야 할 일이 있다. 현재 나의 소비 상태가 어떤지 파악하기 위해서 3달 동안 쓴 신용카드 사용 내역을 살펴보도록 하자. 신용카드 내역서를 들여다보면 나의 생활이 한눈에 보인다. 늘 습관처럼 빠져나가는 지출이 있는지 찾아보자. 먼저 돈이 어디에서 새는지를 찾아야 돈을 모을 수 있다.

지출 파악이 되었다면, 두 번째는 그 내용을 바탕으로 지출 계획을 세워야 한다. 지출의 범위, 즉 예산을 세운다. 그리고 정해진 예산 안에서 한 달을 살아보고 지출 금액에 무리가 없는지를 체크해본다.

지출 계획 속 항목 중에서 더 줄여도 될 것이 있다면 또는 꼭 필요한 지출이 있다면 다시 조정을 한다. 지출을 통제하기 위해서는 이 과정이 반드시 필요하다. 지출에서 가장 문제가 되는 것이 무엇일까? 바로 돈 쓰는 습관이다.

"남편은 '기분파'예요. 그래서 지인들을 만날 때면 술값이나 밥값을 혼자 내요."

"식구들이 워낙 먹는 걸 좋아해서 식비에 돈을 많이 써요."

돈을 관리할 때 자꾸 나쁜 습관이 끼어드는가? 그렇다면 나쁜 습관을 제어하기 위한 시스템이 필요하다. 돈 관리 시스템을 작

지출 분류	통장 이름	습관
생활비	생활비통장 (주거생활비, 식생활비, 교통비, 통신비 포함)	한 통장에 체크카드 2개
보험료		
이자 및 세금		
용돈	용돈통장	체크카드, 현금
비정기지출	비정기지출 CMA	비상시 예비용 신용카드 1개

동시키면 돈은 노후자금이 되고 자녀의 교육자금이 된다. 그러므로 돈을 어떻게 관리하느냐가 무척 중요하다. 먼저 지출이 구분되었다면 이제 구체적인 돈 관리 시스템을 만들어보자.

생활비통장에 포함되는 지출 항목에는 주거생활비, 식생활비, 교통비, 통신비 등이 있다. 용돈통장은 생활비통장과 구분해서 사용하자. 대부분의 사람들은 용돈과 생활비를 구분하지 않고 쓴다. 한 통장으로 구분 없이 돈을 쓰다 보면 용돈을 많이 쓴 달은 생활비가 부족할 수 있고, 생활비를 많이 쓴 달은 용돈이 부족할 수 있다.

생활비와 용돈은 매일 쓰는 돈이다. 매일 쓰는 돈인 만큼 한 달간 사용할 생활비와 용돈 예산을 미리 정해야 한다. 체크카드를 사용하거나 일주일 동안 쓸 만큼을 현금으로 찾아서 돈을 쓰는 습관이 좋다. 그리고 각각의 통장에는 소비를 줄일 수 있는 자신의 각오나 목표를 적어두는 것도 좋다.

또 하나 아주 중요하게 신경 써야 할 지출이 있다. 많은 사람이 간과하는 지출이자 가장 많은 돈이 들기도 하는 비정기지출이다. 1년에 한두 번씩 계절에 따라 지출되는 비정기지출은 관리만 잘해도 꽤 많은 돈을 모을 수 있다.

아무리 가계부를 매일 쓰고 돈 관리를 잘하더라도 비정기지출에 대한 예산을 미리 세우지 않고 지출을 하게 되면 신용카드를 과도하게 사용하게 되거나 유지하던 금융상품을 해지하는 일까지 벌어진다. 비정기지출 계획은 새해 첫날이 되면 달력을 펼쳐놓고 부부가 머리를 맞대야 한다. 그런 다음 1년치 비정기지출의 예산을 세운다.

예를 들어 세금, 자동차 보험, 자동차세, 명절, 휴가, 경조사비, 의복비, 의료비 등 1년 예산액을 정한다. 그다음 매달 정기적금을 하듯이 CMA 통장에 일정한 금액을 꾸준히 적립한다. 또는 비정기지출에 대비해서 급여 외 보너스 등 추가 수입을 따로 모아두는 것도 좋다.

비정기지출이 유독 많은 달이 있다. 5월을 한번 보자. 어린이날, 어버이날 등 가족 행사도 많고 여기에 경조사까지 있다면 지출 부담이 된다. 그런 경우에는 정기적금에 미리 가입해서 5월에 만기가 되도록 맞춰두는 것도 좋은 방법이다.

◆ 비정기지출에 대비하는 법

- CMA 통장에 예산금액 적립해서 사용하기
- 지출이 많은 달은 정기적금 활용하기
- 긴급예비자금 약 3~6개월치 마련하기
- 비상시를 대비해서 한도를 낮춘 신용카드 한 장 남겨놓기

비정기지출 외에도 비상시를 대비해서 비상예비자금을 따로 준비해두는 것이 필요하다. 이직이나 몸이 아파서 직장을 쉬게 될 경우, 연로하신 부모님과 어린 자녀가 있는 가정인데 긴급한 상황이 생겨서 갑작스럽게 돈을 써야 할 상황 등을 대비하기 위해 필요한 것이 비상금 통장이다.

맞벌이 가정은 월 고정지출의 3개월치, 외벌이 가정은 6개월치의 자금을 CMA 통장에 준비해두고, 신용카드는 한 장 정도만 남겨두는 것이 좋다.

자녀교육비,
기준을 어디에 둘 것인가?

현재 교육비를 과도하게 지출하는 것은 자녀의 미래와 당신의 노후를 맞바꾸는 셈이다.
그러므로 교육비는 전체 생활비에서 최대 20%를 넘지 않아야 한다.

☑ '강남 엄마'들의 반이라도 하자?

서울 청담동의 한 브런치 카페에 40대 여성 3명이 둘러앉아 이
야기를 나누고 있었다. 이들은 청담동, 압구정동 일대에 사는 주
부들로 대화의 화제는 다양했다. 스타 셰프의 맛집, 최근 문을
연 피부과 같은 주제로 수다의 꽃을 피우다가 자녀 걱정을 하기
시작했다.

한 엄마가 '돼지엄마' 아는 사람 없느냐고 질문했다. 그러자
맞은편 엄마가 돼지엄마가 무엇인지 되물었다. 여기서 '돼지엄
마'는 돼지가 새끼들을 줄줄이 끌고 다니듯이 자녀를 명문대에

보내기 위해서 자녀교육에 돈을 아끼지 않는 엄마를 뜻하는 은어다.

돼지엄마가 되려면 자녀의 좋은 성적, 넉넉한 경제력, 그리고 학원과 입시에 관한 정보력을 갖추어야 한다. 이들은 자신의 자녀를 중심으로 스터디 그룹을 구성한다. 팀원을 선발하는 권한은 전적으로 돼지엄마에게 있다.

돼지엄마 그룹에 소속되기 위해서는 아이의 성적이 우수해야 하고 경제력까지 담보되어야 한다. 그리고 부모가 적극적으로 자녀교육을 책임져야 한다는 등의 조건이 붙는다. 그룹이 만들어지면 아이들을 단체로 유명학원에 보내거나 스타 강사를 초빙해서 팀 수업을 진행한다.

'강남 엄마처럼은 못해도 어느 정도 수준은 맞춰야지'라고 생각하는 엄마들이 꽤 많다. 한국인의 교육열은 전 세계적으로 높은 것으로 유명하다. 그중에 치열한 경쟁을 주도하는 세력이 바로 '강남 엄마'들이다. 그들은 자녀를 명문대에 보낸 성공한 엄마의 상징이자 자녀들을 대상으로 한 투자처럼 여겨진다. 그리고 그들의 자녀교육법이 책으로 출간되기도 한다.

30대인 은진 씨는 세 살 연하의 남자친구와 결혼을 준비하고 있었다. 그런데 신혼집을 얻는 과정에서 서로 의견이 충돌했다. 은진 씨는 자신이 태어나고 자란 강남을 떠날 수 없다고 주장했고, 예비 신랑은 신혼부부가 강남에서 시작하기에는 경제적으로 힘들다고 주장했다.

물론 은진 씨가 강남을 떠나지 않으려는 것은 친숙한 곳에 대한 애착 때문이기도 하지만 그것만이 전부가 아니었다. 그녀는 앞으로 태어날 2세에 대한 교육을 미리 계획하고 있었던 것이다.

"다른 엄마들은 아이가 학교 들어갈 때가 되면 강남으로 이사까지 오잖아요. 저는 아이를 처음부터 강남에서 교육시키고 싶어요. 그런데 남편은 강남에서 안 살아봐서 그런지, 그렇게까지 굳이 할 필요가 없다고 말해요."

그녀의 예비 신랑의 말도 일리가 있다. 비싼 집값과 높은 물가, 도시의 공해, 교통체증 같은 문제를 감안하면 굳이 강남을 고집할 이유가 없다는 것이다. 그는 강남이 아닌 조용한 곳에서 사는 것도 충분히 괜찮은 삶이고, 은진 씨가 그것을 직접 경험해봐야 한다고 생각했다. 결정적으로 그는 자녀에게 과도한 사교육을 시킬 생각이 전혀 없었다.

그럼에도 은진 씨는 이렇게 말했다.

"강남에서 살고 싶은 이유는 여러 가지가 있지만 중요한 건 이거예요. 사는 곳에 따라 아이들의 인맥이 달라져요. 대한민국에서 인맥이 얼마나 중요한지 알잖아요."

예비부부는 이렇게 의견 차이를 보이면서 팽팽하게 맞섰다.

☑ 지출의 복병인 자녀교육비

엄마들의 주된 관심사는 자녀교육이다. 대치동에 사는 은희 씨의 하루는 영어회화로 시작한다. 아침 7시면 잠에서 깬 아이에게 영어회화 파일을 틀어준다. 아이를 학교에 보낸 뒤에는 비슷한 또래의 아이를 둔 엄마들과 주변의 학원을 순례한다. 학원별 장점을 익히고 새 교과과정을 알아두기 위해서다.

아이가 학교에서 돌아오면 그녀는 운전기사 겸 매니저로 변신한다. '키즈 매니지먼트 전문가'로 불려도 될 만큼 교육열과 정보력이 대단하다. 내 아이를 위한 일이니 엄마라면 이 정도는 해야 하는 것일까?

재무상담을 할 때 조정하기 힘든 부분이 바로 자녀교육비다. 다른 데서 한 푼, 두 푼 아낀 돈이 '교육비'라는 복병을 만나면 전부 무너지고 만다. 물론 자녀에게 좋은 것만 해주고 싶은 엄마의 마음은 이해한다. 하지만 문제는 그 마음의 기준이 엄마의 마음일 뿐 당사자인 아이가 원하는 것은 아니라는 점이다.

유명한 경제학자 스티븐 레빗(Steven Levitt)은 '자녀의 성적과 부모의 상관관계'를 연구했다. 연구결과 성적이 좋은 아이들의 부모는 대개 '일정 나이 이상의 출산 연령(30세 이후), 높은 교육 수준, 사회경제적으로 높은 지위, 활발한 학부모 활동'이라는 공통점을 발견할 수 있었다.

반면에 부모가 아이에게 책을 읽어준다거나 더 좋은 환경으로 이사하기, 미술관이나 박물관에 자주 데려가기 등은 아이의 성적과 아무 관련이 없었다.

연구결과가 의미하는 것은 무엇일까? 이는 곧 부모 자신의 성장과 발전을 도모하는 것이 자녀교육에 있어서 무엇보다 중요하다는 사실을 의미한다. 그러니 현재의 교육비 지출이 내 삶과 가족을 위한 바람직한 선택인지를 되돌아볼 필요가 있다.

☑ 실버푸어를 낳는 에듀푸어

에듀푸어(Education poor)란 가구당 월평균 수입 소득의 약 30% 이상을 자녀교육비로 지출하는 가정을 이르는 신조어다. 과다한 교육비 지출로 가난해져서 살기가 어려운 계층을 의미하기도 한다.

높은 교육열 때문에 사교육에 많은 돈을 쓴다. 대학을 가서도 등록금을 내줘야 해서 가정경제가 휘청거린다. 그런데 자녀교육비는 전체 생활비에서 최대 20%를 넘지 않는 것이 좋다.

또한 교육자금을 마련하기 위해 미리 차근차근 준비해야 한다. 아이가 태어났을 때부터 조금이나마 준비하는 것이 훗날 에듀푸어가 되지 않는 길이다. 부모의 욕심을 줄이는 것도 필요하다. 이는 아이의 학업 부담도 덜어줄 뿐만 아니라 가정경제의 부담도 덜어준다.

교육비를 과도하게 지출할 때의 진짜 문제는 우리, 그러니까 부부의 노후를 위협한다는 데 있다.

"그래도 일단 아이 대학까지는 책임져야죠. 사교육도 아이가 원하면 시켜줘야 하고요. 그건 부모로서의 의무 아닌가요?"

많은 엄마가 교육비에 대한 부담을 느끼면서도 선택의 여지가 없다고 생각한다. 대학을 졸업하고 취업을 할 때까지 학원비, 용돈, 생활비, 심지어 자취 비용까지 자녀에게 들어가는 돈은 끝이 없다. 부모의 헌신적이고 끝없는 사랑은 자녀들에게 그대로 반영된다.

반면 자녀들은 자신들이 키우는 반려견에게 매달 미용 비용으로 10만 원을 쓸지언정 엄마에게 머리하라고 10만 원씩 주지는 않을 것이다. 그런 임플란트 광고도 있지 않은가? '자녀의 입안만 살피지 말고 한 번쯤 부모님 입안을 보세요. 어머님에게 아~ 해보세요'라고 말하는 광고 말이다.

자신의 아이에게 충치가 생기면 당장 병원으로 데려가지만, 정작 부모님의 이는 아픈지, 틀니가 필요한 것은 아닌지 잘 모른다. 물론 알면 도움을 드리겠지만 먼저 관심을 갖지는 않는다는 뜻이다. 결론은 내가 자녀에게 한 만큼 자녀가 나에게 잘한다는 기대는 아예 하지 말아야 한다. 더군다나 자녀교육 때문에 노후

준비를 소홀히 한다면, 이는 훗날 자녀들에게 짐만 될 뿐이다.

100세 시대라는 말은 이제 일상화되었다. 당신이 100세 노인이 되면 자녀 역시 지긋한 나이의 노인이 된다. 그러면 노인이 노인을 모시는 '노노(老老)가정'이 된다. 예전에는 젊은 층이 나이 든 부모를 모시고 살았다면, 요즘은 노인이 노인을 모시고 사는 형태다.

더 나이가 들어서 거동이 불편해지는 순간이 오면 요양원에 갈 수밖에 없다. 나이 든 사람이 어떻게 계속해서 수발을 할 수 있겠는가? 문제는 요양원을 가면 자기부담금이 발생한다는 것이다. 정부의 혜택을 받는다고 해도 최소한 월 50만 원 정도의 자기부담금이 들어간다. 본인의 노후준비도 못한 상황에서 부모님을 부양하는 목적으로 50만 원이나 지급해야 하는 상황이 생기는 것이다.

요양원 비용이 부담되어서 집으로 모시더라도 간병비나 병원비는 고정적으로 들어가게 된다. 이는 심각하면 의료비용으로 인한 노후파산으로 이어질 수 있다. 현재 일본에서 실제로 일어나는 현상이다.

'앞으로 자녀교육에 돈을 쓰지 맙시다. 자식들 열심히 키워봤자 나에게 돌아오는 것도 없을 텐데, 아무것도 해주지 맙시다'라고 하면 끝날 일일까? 그렇다고 자녀교육을 포기할 사람이 있을까?

자녀교육을 포기하는 것이 아니고 조금씩 균형을 맞추면 된다. 이는 나를 위한 일이자 자녀를 위한 일이기도 하다. 지금부터 그 균형을 맞추는 연습과 노력을 조금씩 해보자.

☑ 자녀교육, 어떻게 할 것인가?

부모의 역할은 우리 아이들이 가진 재능을 발견하고 그 재능을 잘 키워서 좋아하는 일을 하도록 도와주는 데 있다. 좋아하는 일만 하며 살아도 견디기 힘든 세상이 아닌가.

성적에 좌우되는 아이들의 삶은 너무나 안타까운 결말을 만들기도 한다. 내 아이를 공부 잘하는 옆집 아이와 비교하지 않고 욕심을 크게 부리지 않아야 한다.

자식을 두고 욕심 없는 엄마가 어디 있겠냐마는 그래도 '성적은 전교에서 상위권, 외국어 2가지 이상 마스터할 것, 악기를 하나 이상 다룰 줄 알 것'과 같은 과도한 욕심은 부리지 말자는 것이다. 이러한 목표는 엄마인 나 역시 달성하기 어려운 일이기 때문이다. 나도 어려워하는 일을 아이에게 강요하고 욕심내서는 안 된다.

반드시 공부를 잘하는 것만이 정답은 아니다. 피겨스케이팅, 프로게이머 등 자기 전문분야에서 성공한 사람들이 선망과 동경의 대상이 되었다. 이제는 자녀교육도 또 다른 관점에서 바라보는 것이 맞다.

지금의 강남 엄마들은 자녀를 태권도 학원이나 피아노 학원에 보내지 않는다고 한다. 아이의 재능을 찾아주고자 어렸을 때부터 엔터테인먼트 학원에 보내서 춤과 노래를 배우게 한다. 태권도와 피아노를 전공할 것이 아니라면, 꼭 연예인이 아니더라도 즐겁게 살아가려면 개인기도 할 줄 알아야 한다는 생각에서다.

최근 엄청난 인기를 끈 트로트 프로그램에서 10대 소년이 등장해 훌륭한 트로트 실력을 선보였다. 그 아이는 천재인 걸까? 만약 그 소년에게 태권도를 가르치고 바이올린만 배우게 했다면 트로트라는 분야에서 실력을 인정받을 수 있었을까? 그렇다고 해서 자녀들을 당장 내일부터 보컬 학원에 보내라는 말이 아니다.

부모는 특히 엄마는 자녀에 대한 환상을 버려야 한다. 사교육을 과도하게 시킨다고 해서 아이가 성적 상위 5% 안에 든다는 보장은 없기 때문이다.

한편 아이가 직접 나서서 사교육에 과도하게 욕심을 부리는 경우도 많아졌다. 부모니까 자신의 교육에 올인하라고 당당하게 요구한다. 심지어는 다른 아이의 부모와 비교까지 하는 아이들도 있다. 이럴 때 아이가 상처받지 않게 존중하는 태도를 지니고 우리 가정의 현실이 어떠한지 자세히 알려주어야 한다. 우리 집 가정경제 회의에 아이를 동참시키는 것도 좋은 방법이다.

☑ 자녀교육비, 언제부터 준비할 것인가?

자녀교육 문제는 돈과 분리해서 생각할 수 없다. 세뱃돈을 교육비에 보태서 쓴다거나 10만 원짜리 정기적금 하나로 교육비 준비가 끝나는 것은 아니다. 대학등록금까지 마련하려면 이 방법으로는 턱없이 부족하다.

교육비 지출은 앞으로 더 늘면 늘었지, 절대 줄지는 않을 것이다. 1988년 서울올림픽 이후로 우리나라에서 교육비가 줄어들었던 적은 단 한 번도 없었고, 오히려 더 늘고 있는 실정이다.

요즘 아이들은 초등학교에 입학하면 휴대폰부터 선물받는다고 한다. 예전에는 들지 않던 비용이 점점 늘고 있다. 10년 전만 해도 자녀 한 명 키우는 데 들어가는 비용이 약 1억 원이었다면, 지금은 자녀 한 명당 약 4억 원 정도의 비용이 들어간다고 한다. 따라서 자녀교육비는 아이가 태어나면서부터 바로 준비해야 한다.

최근 월평균 사교육비를 보면 초등학교 28만 3천 원, 중학교 38만 4천 원, 고등학교 45만 4천 원이다. 대학등록금은 인문사회 5,305만 원, 자연과학 5,792만 원, 공학 6,174만 원, 예체능 6,331만 원, 의학 7,901만 원이다.

아이가 인문사회 분야를 전공한다고 가정하고 대학등록금 준비 방법에 대해 알아보자. 은행의 적금을 2% 복리 비과세 상품으로 준비한다면 10년간 월 38만 원, 15년간 월 25만 원, 20년간 월 17만 원을 꼬박 저축해야 한다. 증권사나 보험사의 투자상품으로 6% 복리 비과세 상품으로 준비한다면 10년간 월 32만 원, 15년간 월 18만 원, 20년간 11만 원을 저축해야 한다.

계산에서 보듯이 자녀교육비를 준비할 기간이 길고, 일찍 시작하면 월 저축액이 줄어든다는 사실을 알 수 있다. 그리고 수익률이 높아질수록 부담해야 할 월 저축액이 줄어든다.

당장 실천할 수 있는 방법은 통장을 따로 만들어 준비하는 것이다. 통장을 구분하지 않으면 돈이 필요할 때 써버릴 수 있다. 그러니 교육비 통장을 별도로 만들어서 교육비 용도로만 사용하자.

교육비를 목적으로 한 금융상품을 선택할 때는 자금이 필요한 시기에 맞는 상품을 골라서 운용하는 것이 도움이 된다. 자녀가 고등학교에 갓 입학했다면 3년 내에 대학등록금을 마련해야 한다. 3년 이내의 단기적인 교육비 마련이라면 이자율은 낮지만 안전한 은행의 적금을 활용하는 것이 좋다.

자녀가 중학생이라면 대학등록금은 약 5년 후에 필요하다. 투자기간이 5년 이상이라면 수익을 추구하는 적립식 펀드도 고려해볼 만하다. 이때 펀드를 선택할 때는 단기적인 수익보다 과거에 얼마나 안정적으로 운용되어 왔는지를 확인하고 가입해야 한다.

나이가 어린 미취학 아동이거나 초등학생이라면 대학 입학은 약 10년 뒤의 일이므로 보험사의 변액보험이 좋다. 이자가 늘어나는 복리 효과뿐 아니라 보험차익 비과세 혜택 때문에 자녀에게 비과세 통장으로 물려줄 수 있다.

◆ 자녀교육비 재테크 팁

- 대학등록금, 각종 과외비 등 목적을 세운 뒤에 월소득의 10% 정도를 비과세 상품으로 적립하자.
- 자녀를 위한 금융상품 적립식 펀드계좌, CMA 통장을 만들어서 자녀와 함께 돈 관리를 하고 경제교육도 함께한다.
- 자녀를 위한 적립자금은 주택 구입이나 갑작스러운 소비 지출 등 필요에 따라 사용하지 않아야 한다.
- 자녀의 평생 비과세 통장으로 준비하면 더 좋다. 비과세 통장에 교육비 비중만큼 추가납입하는 것도 좋다.
- 자녀의 대학 진학에 따른 비용 부담이 크다면 장학재단 학자금 대출제도를 이용하자.
- 가정경제를 점검하고, 사교육비 지출의 비중이 과도하다면 비용을 절

감하기 위한 노력이 필요하다. 부모는 아이에게 관심을 가지고 아이의 가치관을 최대한 존중하는 태도가 필요하다.

- 사전증여는 10년 단위로 이루어진다. 절세를 활용해서 투자 관리를 한다.

고정지출을
줄여야 한다

지출 관리만 잘해도 부자가 될 수 있다. 현재 지출에서 1만 원이라도 남기려는 습관이 중요하다. 이것이 바로 은행의 10% 이자인 셈이다.

☑ 재테크의 기본은 지출 통제다

사람들은 나에게 어떻게 하면 부자가 될 수 있는지를 자주 묻는다. 나에게 특별한 재테크 기술이 있거나 기발한 투자 방법이 있을 것이라는 기대감을 갖고서 말이다.

"지출 관리만 잘해도 부자가 될 수 있어요, 현재의 지출에서 1만 원이라도 남기려는 습관이 중요해요. 그게 바로 은행의 10% 이자인 셈이거든요." 나는 이렇게 말한다.

재테크의 기본은 지출을 통제하는 것이다. 변동지출은 마음만 먹으면 허리띠를 졸라매서 줄일 수 있지만, 매달 고정적으로 나가는 지출은 어지간해서는 줄이기가 힘들다. 하지만 조금만 신경을 쓰고 발품을 팔면 고정지출을 줄일 방법이 있다. 이제부터 대표적인 고정지출 비용인 교통비, 통신비 등을 줄일 방법에 대해 알아보자.

☑ 교통비를 줄이는 꿀팁

가구당 평균적으로 매달 약 22만 원을 교통비로 지출한다. 대다수가 후불제 교통카드를 사용하는데, 이때 주의해야 할 것이 후불제 시스템이다. 교통비를 후불로 결제하는 것보다 선불제 교통카드를 이용해야 교통비를 수시로, 그리고 정확하게 파악할 수 있다.

사람들이 잘 모르는 교통비 절약법이 있다. 바로 '지하철 정기권'이다. 지하철 정기권은 정해진 기간 동안 정해진 횟수만큼 쓸 수 있다. 충전일로부터 30일 이내 60회까지 이용할 수 있으므로 지하철을 많이 이용하는 사람에게 유리하다. 단골손님을 우대하는 것처럼 지하철을 많이 이용하는 사람에게 혜택을 주는 방식이다. 지하철 정기권의 종류 및 요금은 서울교통공사 홈페이지(www.seoulmetro.co.kr)에서 확인할 수 있다.

단체 여행을 떠날 때에도 지하철을 이용하면 교통비를 절약할 수 있다. 20인 이상이 같은 구간을 여행하면 20명마다 1명꼴로 운임을 무료로 해주는 제도가 있다. 휴가철을 이용해서 단체 여행을 갈 때 이용해볼 만하다.

만약 서울 이외의 지역에서 버스로 출퇴근을 한다면 서울버스와 광역버스 요금이 다르다는 것만 알아도 교통비를 절약할 수 있다. 예를 들어서 서울과 경기도를 오가는 사람이라면, 서울버스와 경기버스 중에서 저렴한 버스를 골라서 타는 것이다.

현재 서울과 경기도의 대중교통 요금 체계가 달라서 요금 차이도 크다. 그래서 광역버스를 이용할 때는 서울버스가 유리하고, 시내버스를 이용할 때는 경기버스가 유리하다. 다만 버스를 한 번만 탈 때는 서울버스는 기본요금이 적용되고, 경기버스는 10km가 넘어가면 5km마다 100원이 추가된다. 따라서 10km가 넘는 거리를 버스 1회만 이용할 때는 서울버스가 오히려 유리하다. 서울버스, 경기버스, 광역버스를 잘 골라서 이용하면 교통비를 절약할 수 있다.

광역알뜰교통카드 마일리지로 대중교통비를 최대 30%까지 절감할 수 있다. 대중교통을 이용하기 위해 걷거나 자전거로 이동한 거리만큼 마일리지 20%가 쌓이며, 카드사의 추가할인 10%를 더 받을 수 있다. 카드 신청은 광역알뜰교통카드 마일리지 홈페이지(www.alcard.kr)에서 가능하고, 마일리지는 앱을 통해 쌓을 수 있다.

주유를 할 때는 셀프 주유소를 이용하는 것이 좋다. 셀프 주유소에서는 인건비 지출이 없기 때문에 일반 주유소보다 기름을 저렴하게 제공한다. 그리고 주유 속도를 내 마음대로 할 수 있는데, 주유 속도를 느리게 할수록 더 많은 양의 기름을 주유할 수 있어서 이득이다.

미리 주유하는 습관도 중요하다. 대부분의 운전자들이 계기판에 주유 경고등이 들어온 후에야 기름을 넣는다. 그러나 기름이 거의 남지 않았을 때 주유하면 일정 양의 연료가 날아간다. 따라서 주유 눈금이 한 칸 이상 남아 있을 때 주유하는 것이 좋다.

☑ 통신비에 도사린 엄청난 함정

가계 지출에서 통신비가 차지하는 비중이 상당히 크다. 고정지출 항목 중에서 블랙홀에 빠지는 것처럼 사라지는 돈이 바로 통신비다. 대략 기본요금 3만~4만 원에 단말기 할부금, 기본료를 제외한 통신요금, 부가서비스 이용료까지 합하면 대략 10만 원은 우스울 정도다.

골치 아픈 통신비를 줄이는 방법은 다음과 같다. 첫째, 나에게 맞는 요금제를 찾아주는 사이트를 활용한다. 웹 사이트 스마트초이스(smartchoice.or.kr)에서 휴대전화 이용 패턴을 설정하면 나에게 맞는 요금제를 알아서 찾아준다.

한 방송 프로그램에서 스마트초이스를 활용해 통신비를 조회해서 보여준 적이 있었다. 유명 방송인의 통신비는 IPTV, 집 전화, 인터넷, 휴대전화 요금 등을 모두 포함해서 24만 원 정도였다. 여기에 남편의 휴대전화 요금까지 더하면 통신비가 30만 원 정도였다. 그런데 스마트초이스로 결합상품을 검색하니까 통신비를 15만 5,700원으로 줄일 수 있었다. 환산해보면 1년에 약 180만 원이나 절약할 수 있었다. 그러니 이를 적극 활용해보자.

둘째, 휴대전화 사용량이 많지 않다면 알뜰폰을 사용하는 것이 좋다. 알뜰폰을 사용하면 요금이 30%가량 저렴해진다. 기본요금이 5천 원 정도이기 때문에 요금을 절약할 수 있다.

그렇다면 똑같은 휴대전화인데 요금이 왜 저렴할까? 알뜰폰은 기존 이동통신 3사의 네트워크망을 빌려 쓰기 때문에 그렇다. 통신망 설치를 위한 투자나 네트워크 관리 비용이 없으므로 기존 통신사들에 비해서 요금이 저렴하다.

알뜰폰을 쓰면 5만~8만 원대의 기존 통신사의 요금제에 비해서 2만~3만 원가량의 저렴한 가격으로 휴대전화를 이용할 수 있다. 요금은 저렴하고 통화 품질에서도 큰 차이가 없다. 알뜰폰의 또 다른 강점은 바로 무제한 데이터 요금제에 있다. 메신저, 인터넷, 기타 서비스 등을 데이터로 이용하는데 상대적으로 저렴한 요금으로 데이터를 자유롭게 쓸 수 있다.

셋째, 가족 구성원이 동일한 통신사를 이용하고 인터넷을 같은 통신사로 바꾼다. 가족결합 할인을 받아서 요금을 절약할 수 있다.

넷째, 불필요한 부가서비스를 정리해서 통신비 부담을 줄인다. 그리고 휴대전화를 구매할 때도 할인과 패키지 상품 등을 함께 고려하는 것도 통신비를 아끼는 방법이다. 단말기 지원금을 받지 않은 대상자에 한해 통신비를 줄일 수 있는 방법도 있다. 단말기 지원금이 적다면 25%의 요금할인이 유리할 수도 있으므로 잘 비교해서 선택해보자.

3일차에는 큰돈이 들어가는 꿈을 구체적으로 계획하고 현실로 만드는 방법을 소개한다. 한 달 소득을 바탕으로 지출과 저축 플랜을 세우고, 자산을 얼마나 어떻게 키울 것인지 구체적인 방법도 알아본다. 재테크도 습관이다. 한 달을 어떻게 사느냐가 일 년을, 평생을 좌우한다. 그런 의미에서 한 달 예산을 얼마로 정하고 어떻게 세우는가는 굉장히 중요한 일이다. '한 달 예산 세우기'를 실전을 통해서 알아본다.

재테크 고수 도전

3일차

돈 관리 시스템을
만들자

저축,
미래의 소비를 준비하라

재무목표를 설정하면 돈을 무조건 많이 모아야 한다는 생각에서 벗어나 불안하지 않다.
재무목표는 필요한 시점에 필요한 돈이 모일 수 있도록 방향을 설정하는 역할을 한다.

☑ 깨알 같은 재테크 노하우 팁

수의사인 30대 중반의 미진 씨는 학원강사인 남편과 결혼한 지
3년째다. 남편 강의는 학원 수강생들에게 인기가 좋아서 월급이
800만~1,500만 원으로 소득이 높다. 게다가 맞벌이 가정이라서
수입도 꽤 많다. 그럼에도 미진 씨는 돈 때문에 늘 불안하다고
했다.

　"언제까지 수입이 좋을지 모르겠어요. 돈 관리를 제대로 못하
는 것 같고요. 아이들 대학 보내고 우리 노후까지 준비할 생각을
하면 걱정이 많아요. 남들은 잘 버는데 무슨 걱정이냐고 하지만

사실 버는 만큼 많이 쓰거든요."

미진 씨처럼 소득이 많아도 불안해하는 주부들이 많다. 그녀는 왜 불안한 걸까? 맞벌이 가정의 장점은 수입이 많다는 것이지만, 한편으로는 지출이 많다는 단점도 있다. 버는 만큼 쓰니까 불안한 마음이 들 수밖에 없다. 그러나 지금부터라도 어떻게 저축할 것인지 계획을 세워서 적절한 시기에 맞추어 저축하면 된다.

그녀가 먼저 해야 할 일이 있다. 돈을 모으기에 앞서 인생의 재무적 목표들을 점검하는 것이다. 돈을 모으는 방법에서 가장 중요한 것은 '목표'다.

자녀교육과 자녀 결혼, 주택마련, 자동차 구입, 노후준비 등 적절한 시기를 예측하고 계획하면 저축 금액과 기간을 설정하는 데 도움이 된다. 예를 들어 '1년 후 해외여행자금 300만 원 만들기' '5년 후 목돈 1억 원 만들기' '10년 후 내집 마련할 1억 6천만 원 만들기' 등 구체적인 계획을 세우고 돈을 모아야 목표를 실현할 수 있다.

이때 시기별에 맞는 재테크 전략을 짜야 한다. 단기자금의 정기적금은 은행과 적금 상품에 따라 이자율이 다르다. 그리고 가입 방법이나 세제 혜택 여부 등에 따라 수익률이 다르므로, 은행과 적금 상품을 잘 비교하고 선택해야 한다.

중기자금의 적립식 펀드 역시 증권사 상품별로 운용실적과 수수료가 크게 차이가 나므로 세심히 살펴야 한다. 일일이 찾아보기 어려우면 금융소비자 정보포털 사이트 파인(fine.fss.or.kr)을 활용해보자. 여러 금융상품을 한눈에 비교할 수 있다.

장기자금의 변액보험은 보험사마다 상품구조나 사업비가 다르고, 운용하는 펀드의 수익률이 전문가의 관리능력에 따라 큰 차이를 보이므로 투자를 잘 아는 설계사 또는 전문가를 선택해야 한다.

☑ 어느 정도의 돈이 필요할까?

100세 시대라는 긴 인생을 살아가면서 써야 할 돈이 많은 것은 당연하다. 우선 우리 가족이 먹을 것, 입을 것 등을 살 수 있는 기본적인 생활비가 필요하다. 거기다가 양육비, 학원비, 대학 학자금, 결혼 비용과 가족들이 편안하게 쉴 수 있는 내집도 마련해야 한다. 이외에도 나이가 들어서 소득이 없을 때 써야 하는 노후자금과 아프거나 급한 일이 생겼을 때 써야 할 비상자금도 필요하다.

그렇다면 어느 정도의 돈이 필요할까? 2020년 보건복지부에서 발표한 4인 기준 최저 생활비는 189만 원이다. 물가상승률을 반영하지 않고 단순 계산만 해봐도 30년간 월 189만 원씩 쓰려면 6억 8천만 원이 필요하다. 게다가 자녀를 양육하는 데 필요한 비용은 자녀 한 명당 3억 원이다.

2020년 KB부동산에서 조사한 서울 지역의 주택 평균 매입가격은 9억 1천만 원이다. 그리고 잡코리아에서 조사한 희망 노후 자금은 월 185만 원이다. 60세에 퇴직해서 30년 이상 노후 생활을 지속한다고 계산을 해보면 약 6억 6천만 원이 필요하다.

총비용을 단순하게 계산해도 필요한 돈은 20억 원 이상이다. 이 수치는 물가상승률을 반영하지 않은 것으로 실제로는 훨씬 많은 돈이 필요할 것이다. 20억 원을 모으려면 한 달에 300만 원씩 저축한다고 해도 55년이나 걸린다. 그나마 다행인 것은 돈이 필요한 시점이 다르다는 사실이다. 생활비는 당장 필요한 돈이지만 노후자금은 준비할 시간이 있다. 지금부터 효율적으로 저축을 한다면 충분히 달성할 수 있다.

우리 집만의
돈 관리 시스템 만들기

돈 걱정 없는 우리 집을 만들려면 먼저 돈 관리 시스템을 만들어야 한다. 그러려면 우리 집 소득에 맞는 지출이 어느 정도가 되어야 하는지를 점검해야 한다.

☑ 돈 관리 시스템 만들기 3단계

소득 대비 생활비와 교육비는 높아지고, 자동차 구입과 내 집 마련 등은 보통 빚을 내야 가질 수 있는 게 현실이다. 한 달에 200만 원을 벌든 500만 원을 벌든, 수입은 다르지만 써야 할 지출 항목들은 가정마다 비슷하다. 하물며 돈 쓰기 얼마나 좋은 세상인가? 어딜 가나 소비를 부추기는 세상이니 말이다.

당신의 지갑에 10만 원이 들어 있다고 가정해보자. 그런데 누군가가 당신 몰래 매월 1만 원씩 빼갔다면 1만 원이 내 지갑에서 없어졌다는 것을 눈치챘을까?

이처럼 돈을 모은다고 이자 높은 곳을 찾아 발품을 팔고 시간을 허비하는 것보다 1만 원이라도 아끼는 습관이 더 효율적이다. 내 지갑에서 1만 원을 아끼는 것이 연 10% 이자를 만드는 셈이다. 이제부터 돈 걱정 없는 우리 집만의 돈 관리 시스템을 만들어보자.

◆ 1단계: 정확한 소득 파악하기

가정별로 소득의 형태가 다양하다. 특히 짝수 달과 홀수 달에 따라 소득이 다르거나 개인사업자 혹은 프리랜서라면 월소득이 일정하지 않으므로 연봉으로 소득을 파악해야 한다.

◆ 2단계: 지출 파악하기

대부분의 사람들은 신용카드로 지출을 한다. 그런데 신용카드를 쓰면 어디에 얼마를 썼는지 파악하기가 어렵다. 신용카드 내역서를 지출 항목별로 나누어서 정리를 해보자. 시간이 많이 소요되더라도 반드시 해야 한다. 그리고 부부가 함께하는 것이 좋다.

◆ 3단계: 지출 구성비를 점검하고 예산 세우기

돈에 대한 가치 기준이나 지출할 때 느끼는 행복지수가 다르므로 대화를 통해 지출을 조정한다. 기존 지출이 구성 비율을 초과한다면 줄이는 노력을 하자. 구성비 기준은 주거생활비·식비·외식비가 한 달 수입의 15%를 넘어가지 않도록 한다. 그리고 자녀교육비 10%, 비정기지출 10%, 보험료 8~10%, 대출 원리금 10~15%, 가족 용돈 10%로 잡아 전체 비용 중에 70~80%를 차지하도록 한다.

지출 구성비를 점검할 때는 부부가 함께 최대 구성비를 넘지 않도록 예산을 세운다. 각 가정마다 소득이 다르기 때문에 소득 대비 구성비로 예산을 세우는 것이 가장 적절하다. 구조를 만들어놓아야 지출 통제가 가능해지기 때문이다.

☑ 지혜롭게 지출하는 방법

◆ 비정기지출

1년에 들어가는 총비용을 예산으로 잡는다. 자동차 보험료, 세금, 경조사비, 부모님 생신, 경조사비, 휴가비 등이 비정기지출에 해당한다.

매월 들어오는 급여통장 대신에 비정기지출통장을 따로 개설한다. 카카오뱅크나 증권사 CMA 계좌를 이용하면 좋다. 구성비는 소득 대비 월 10%, 연 120%를 넘기지 말아야 한다.

◆ **예비비**

예산에 없는 지출이 있다. 남편 용돈 추가, 외식비 추가 등이 그렇다. 예비비는 예산 시스템이 무너지는 것을 방지하기 위해 필요하다.

◆ **봉투생활법**

식비 통제는 봉투생활법으로 해결한다. 신용카드를 사용해서 지출 내역을 잘 파악하지 못하거나 현금을 쉽게 쓰는 습관이 있다면 이 방법을 추천한다.

먼저 봉투 8장을 준비한다. 7장의 봉투에 각 요일을 적고 일정한 금액을 넣어둔다. 그리고 나머지 1장은 저축용 봉투로 남긴다. 이때 금액은 각 가정의 고정지출에 맞게 설정하면 된다.

봉투생활법의 핵심은 봉투 안에 들어 있는 돈만 사용하는 데 있다. 그리고 쓰고 남은 돈은 저축용 봉투에 넣었다가 필요할 때 나눠 쓴다. 나는 하루 용돈이 2만 원이다. 매일 아침 2만 원이 든 돈 봉투를 챙겨서 출근을 한다. 그 돈으로 점심이나 커피를 사 먹고 남은 돈은 저축용 봉투에 넣어둔다.

일주일 중에 하루는 '노 머니 데이(No money day)'로 정한다. 말 그대로 돈 없이 하루를 보내는 것이다. 점심은 도시락을 싸서 해결하고, 커피는 그동안 모아둔 포인트나 쿠폰으로 해결한다. 이렇게 하면 돈 없이 하루를 살 수 있다.

◆ 지름 통장

　원래 소비하던 습관들이 있어서 지출을 줄이는 것을 상당히 부담스러워하거나 어려워하는 사람들이 있다. 큰맘 먹고 조정했다가도 1년도 되지 않아서 실패하는 경우가 허다하다. 그런데 생각보다 쉬운 방법이 있다. 조금씩 아껴서 절약한 돈을 향후 자신에게 보상할 수 있도록 하는 '지름 통장'을 만드는 것이다.

　매월 일정한 금액을 떼서 1년 동안 적금을 하거나 CMA 통장에 넣어둔다. 그다음 그동안 자기가 사고 싶었던 물건이나 여행을 하는 데 사용한다. 이렇게 하면 자기만족도 되고 돈 쓰는 습관도 만들 수 있다.

☑ 재무목표는 큰 그림부터 그린다

항아리에 큰 돌과 작은 자갈을 넣으려면 어떻게 해야 할까? 먼저 큰 돌을 가득 넣고 작은 자갈을 넣는다. 그러면 큰 돌 틈으로 작은 자갈들이 들어간다. 그리고 사이에 모래를 부은 다음 물을 부으면 전부 들어갈 수 있다. 만약 항아리에 큰 돌부터 먼저 넣지 않았다면, 모든 돌들을 넣을 수 있었을까?

　우리 인생도 마찬가지다. 앞으로 닥쳐올 중요한 재무목표를 먼저 생각하고 큰 그림부터 그려야 한다. 그런 다음 각자의 체질과 스타일에 맞춰 세부적인 목표를 차근차근 세워야 한다.

성공적인 인생을 살기 위해서는 계획이 있어야 하고, 계획을 수립하기 위해서는 목표가 명확하게 정립되어야 한다. 인생에서 달성하고자 하는 재무목표를 세워보자. 이때 재무목표는 구체적이어야 한다.

자신의 가치관과 재무상태 등을 고려해서 장단기 목표를 설정한다. 결혼자금, 주택마련자금, 자녀교육비, 노후 생활비 등을 인생 단계별로 구상해서 연도별·연령별로 세운다.

다음은 재무목표를 설정하는 데 도움이 되는 'SMART 원칙'이다.

◆ SMART 원칙

- S(Specific) 재무목표는 막연히 '잘 먹고 잘 살고 싶다' 혹은 '행복하게 살고 싶다'가 아니라 구체적으로 '무엇을 어떻게 얼마나 언제까지' 달성할 것인지를 고려해야 한다.

- M(Measurable) 기간·금액 등 구체적으로 측정 가능한 목표를 세운다.

- A(Action oriented) 어떻게 실행해나갈 것인지에 대한 실천계획(action plan)을 명확히 한다.

- R(Realistic) 현재 자산 상태 및 소득 수준을 고려해 달성이 가능한 현실적인 목표를 세운다.

- T(Timely) 각 시기에 맞는 목표를 설정한다.

☑ 재무목표를 세우는 방법 5단계

◆ 1단계: 라이프 사이클 그리기

단기간의 이벤트부터 적어본다. 여행자금, 자동차 구입 자금, 결혼자금, 주택마련자금, 자녀교육비, 노후자금 등 각각의 이슈에 대한 가치를 발견하고 확인한다.

자녀교육비의 경우에는 내가 살아오면서 부모님께 고마움을 느낀 적은 언제인지, 나는 대학을 어떻게 마쳤는지, 내 자녀들은 어떻게 공부하기를 바라는지, 자녀에 대해 어떤 지원을 생각하고 있는지, 이를 실행하기 위해서는 어떻게 준비하는 것이 좋을지 등을 생각해보는 것이다.

노후자금을 준비해야 한다면 부모님이 현재 어떠한 노후 생활을 하고 계신지를 먼저 떠올려본다. 그리고 우리 부부의 노후는 어떻게 생활할지 원하는 바를 공유해보고, 그렇게 하려면 어떻게 준비해야 할지를 서로 이야기해본다. 이때 자기 의견만 내세우지 말고 상대의 의견을 존중하는 태도가 필요하다.

주택마련이나 주택확장일 경우에는 우리 가족에게 집은 어떤 의미이고 그 의미를 충족시킬 만한 집은 어떤 형태인지, 주택확장을 위해 어떻게 준비할 것인지 등의 순서로 재무목표를 만든다.

◆ 2단계: 재무목표의 우선순위를 결정하기

부부라 하더라도 재무목표는 서로 다를 수 있다. 우선순위 역시 다르다. 먼저 서로 보이지 않게 돌아앉아 각자의 재무목표 10개 정도를 우선순위를 정해서 쓴다. 그런 다음 서로의 재무목표를 확인한다.

이때 부부는 서로 다른 생각으로 돈을 쓰고, 다른 목표를 가지고 돈을 모으고 있었다는 사실을 깨닫는다. '배우자가 이런 걸 하고 싶어 하는구나'라는 생각도 들 것이다. 충분한 대화를 하면서 서로의 재무목표 중에 상대적으로 덜 중요한 항목을 하나씩 지워가면서 우선순위를 결정한다.

◆ 3단계: 우선순위의 결정대로 목표금액을 논의하기

시기에 맞는 목표가 정해졌다면 기간과 금액 등에 따라 목표금액을 구체적으로 정한다. 어떻게 실행해나갈 것인지, 현재 자산 상태와 소득 수준을 고려해서 달성이 가능한 현실적인 저축액을 정한다.

그다음 우선순위에 따라 목표를 달성할 투자 방법을 찾는다. 구체적인 투자상품과 투자 금액을 정해서 실행하면 된다. 그리고 목표를 달성한 뒤의 상황을 상상하면서 즐기는 것도 좋다.

첫째, 현금흐름을 파악한다. 즉 핵심 지출을 정리하고, 향후 수입 변동사항을 체크하고, 소비지출과 투자자금 및 잉여자금을 파악한다.

둘째, 자산 현황(현재 상태가 된 원인 찾기)을 파악한다.

셋째, 소비와 비소비성 지출을 구분한다.

넷째, 저축 및 투자는 반드시 목적을 정하고 투자 원칙을 정한다.

◆ 5단계: 리셋하기

지금까지의 소비 패턴이나 저축과 투자를 제로(0)로 둔다. 그리고 목표에 집중하는 플랜을 세운다. 소비와 투자를 다시 한 번 점검한 후 플랜을 조정한다.

목표의 50~70% 달성이 힘들다면 우선 시작부터 하자. 가능성이 있는 계획에 접근하고, 단기·중기·장기의 포트폴리오를 구성한다. 그리고 그에 대한 상품을 구성한다. 적립식 투자상품이나 보험상품의 요약은 전문가의 도움을 받는다.

'월급고개'에서 벗어나기

가계부를 쓰는 사람이 더 계획적으로 저축하고 소비를 하는 것은 결코 아니다. 물론 확률은 높을 것이다. 다만 중요한 것은 눈에 보이는 구성비 관련 계획을 세우고 각각의 구성비만큼 예산을 세워서 통제하는 노력이다.

☑ 월급고개란 무엇인가?

봄에 보리를 수확하기 이전까지 먹을 양식이 없어서 굶주리던 1960~70년대 시절의 '보릿고개'에 빗대어, 월급이 떨어져 다음 달 월급이 나올 때까지 경제 사정이 어려운 때를 '월급고개'라고 한다.

　월급을 받기가 무섭게 '빈 지갑'이 되어서 다음 달 월급날만 애타게 기다린다. 하지만 고대하던 월급날이 와도 신용카드 대금 결제 등으로 '빚잔치'를 벌이고 나면 금세 빈 지갑이 된다. 그러다가 또다시 마이너스 통장과 신용카드 사용으로 모자란 돈을 충당한다.

월급고개를 겪는 이유는 월급이 적어서, 빚 때문에, 생활비가 많이 들어서, 높은 물가 때문에 등 다양하다. 그런데 그 본질을 들여다보면 또 다른 이유가 있다. 반드시 소득이 적어서가 아니라 지출을 통제하지 못하는 소비 습관에서 비롯된 경우라는 점이다.

주변을 둘러보면 월급을 꽤 많이 받으면서도 늘 빚에 치여서 사는 사람들이 적지 않다. 씀씀이가 늘어나는 것은 하루아침이지만, 한 번 늘어난 씀씀이는 어지간해서는 제자리로 되돌아오기가 어렵다.

악순환에서 벗어나기 위해서는 '발상의 전환'이 필요하다. 소비는 소득이 적은 달, 저축은 소득이 많은 달을 기준으로 한다. 그래야 소비를 최대한 줄이고 저축을 늘릴 수 있다.

보릿고개가 있던 시절, 어머니들은 쌀이 넉넉한 가을이면 밥을 지을 때마다 식구 수대로 쌀을 한 숟가락씩 덜어내 작은 항아리에 모아두었다. 이렇게 모은 쌀로 보릿고개를 넘길 수 있었다. 조금 배고프게 먹고 쌀을 저축한다고 해서 '절미(節米)저축'이라고 불렀다.

월급고개를 넘는 방법도 한 푼이라도 아끼고 절약하는 수밖에 없다. 아무리 쥐꼬리 같다고 불평해봐야 월급이 많이 오르지는 않는다. 수입은 마음먹는다고 쉽게 늘어나는 것이 아니다. 반면에 지출은 우리의 마음먹기에 달려 있다. 남의 지갑을 열게 하기보다는 내 지갑에서 새나가는 돈을 막는 것이 훨씬 수월하다. 이것이 바로 월급고개를 넘는 비결이다.

☑ 가계부는 쓰지 말자

스마트폰이 널리 보급되면서 가계부 애플리케이션도 다양해졌다. 예전에는 가계부를 일일이 적었는데 이 수고로움에서 벗어났다. 가계부를 활용하면 한 달 수입과 지출을 한눈에 볼 수 있다. 따라서 불필요한 지출을 줄이기 위해서는 가계부를 활용해야 한다. 이때 예산이 없고 통제가 어려운 금전출납부 개념의 가계부는 얼마 가지 못한다.

얼마를 썼는지 기록하고 확인하는 금전출납부 개념의 가계부보다는, 눈에 보이는 지출 계획을 세우고 각각의 구성비만큼 지출을 통제하는 노력이 필요하다. 구성비는 앞서 말했듯이(92페이지 참고) 전체 비용 중에 70~80%를 차지하도록 한다.

예를 들어 한 달 급여가 500만 원이면 한 달 주거생활비·식비·외식비의 구성비는 15%이므로 75만 원이다. 내가 쓴 돈을 구체적으로 적고 그 지출 옆에 구성비, 즉 몇 퍼센트를 썼는지 적어보자. 그렇게 하다 보면 내가 얼마를 벌어서 어떻게 썼는지

반성도 할 수 있다.

그렇게 1년 정도 하면 저축액이 늘고 자연스레 순자산도 늘어난다. 돈 관리 시스템을 세우는 이유는 더 저축하기 위해서다. 지출 예산을 세우고 그 예산대로 쓸 수 있는 시스템을 만들어서 눈에 보이는 구성비를 지키는 것이 재테크의 기본이다.

☑️ 소득의 함정에서 벗어나자

저축액은 '연봉'을 기준으로 정해야 한다. 예를 들어 월급 100만원, 상여금 600%인 직장인이라고 가정해보자. 월급에서 50%를 저축한다고 하면 매달 저축액은 50만 원이다. 하지만 상여금을 합친 연봉은 1,800만 원이므로, 연봉을 12개월로 나눈 월평균 수입은 150만 원이다. 따라서 월 50만 원이 아니라 월 75만 원을 저축해야 한다.

많은 사람들이 흔히 빠지는 함정이 있다. 바로 소득이 많은 달을 기준으로 지출하는 습관이 그렇다. 소비 생활의 눈높이를 소득이 많은 달에 맞추면, 앞으로 들어올 상여금이나 성과급 등을 믿고서 돈을 미리 앞당겨서 쓴다. 그러다 보니 소득이 적은 달에는 어김없이 마이너스가 되고, 상여금이나 성과급이 나오는 달이야 겨우 적자를 면한다.

쪼갠 통장, 이렇게 활용해보자

수입을 기준으로 지출 예산을 세우고, 재무목표에 맞는 저축과 투자액이 정해지면 각 통장을 분리해서 관리하자. 돈의 흐름을 파악할 수 있어서 돈이 모인다.

☑ 통장 쪼개기

물건의 자리를 정해두면 쉽게 찾아서 꺼내어 쓸 수 있듯이 통장도 각 용도에 따라 나눠서 관리하면 돈을 체계적으로 쓸 수 있다. 또한 돈의 흐름이 한눈에 보이기 때문에 일부러 가계부를 쓸 필요가 없다. 한 달에 한 번만 통장정리를 하면 이것이 곧 가계부 역할을 하는 셈이다.

　새는 돈을 막고 불필요한 소비를 줄여서 효율적인 돈 관리를 통해 저축 여력을 늘려주는 자산관리 시스템을 당장 실천해보자.

◆ **통장 쪼개기를 하면 좋은 점**

- 돈의 흐름이 한눈에 보인다.
- 정해진 범위 내에서 사용하다 보면 절약하는 습관이 생긴다.
- 새는 돈이 줄어서 저축액이 늘어난다.
- 안정적이고 고정적인 저축이 가능해진다.
- 통장정리를 하면 이는 곧 가계부가 된다.

먼저 통장을 목적에 따라 월급통장, 생활비통장, 예비비통장, 저축·투자통장으로 나눈다. 각 세부적인 내용은 다음을 참고하자.

☑ 월급통장

정기적으로 월급통장에 급여가 들어오면 돈을 목적에 따라 다른 통장으로 이체한 뒤 잔액이 0원이 되도록 한다. 먼저 저축통장으로 이체하고, 그다음 저수지통장, 생활비통장 순으로 이체한다.

공과금, 관리비, 통신비 등 매달 고정적으로 빠져나가는 지출이 있다면 일정한 날을 정해서 한꺼번에 빠져나가도록 한다. 그래야 헷갈리지 않고, 매달 정해진 날에 정해진 금액만큼을 이체하다 보면 돈의 흐름을 볼 수 있다.

☑ 생활비통장

생활비통장은 한 달에 한 번씩 빠져나가는 공과금, 통신비, 월세, 보험료 등 '고정지출' 통장과 매일 쓰는 식비, 생활용품비, 교통비, 용돈 등 '변동지출' 통장으로 분리한다.

월급통장에서 한 달 동안 쓸 생활비를 계산해서 미리 옮겨놓고, 체크카드로 소비하는 생활을 한다면 과소비나 충동구매를 줄일 수 있다.

용돈은 교통비를 포함해서 정하고 용돈통장과 연결된 체크카드를 사용하거나 하루 용돈으로 정한 금액만큼 현금으로 찾아서 쓰는 것도 좋은 방법이다.

생활비통장은 매월 일정한 금액 내에서 소비하는 습관이 중요한 포인트다. 그리고 1만 원이라도 남기려는 습관을 가져보자.

☑ 예비비통장

매달 일정하게 지출되는 항목 외에 발생하는 비정기지출을 대비하지 않으면 안정적으로 돈 관리를 하기 어렵다.

1년 단위 또는 시즌별로 발생하는 지출 항목들을 체크해보자. 명절, 기념일, 자동차 보험, 세금, 의료비, 경조사 등 비정기지출 항목들이다.

연간 지출 항목별로 각 금액을 따져보고 총금액을 구한다. 비정기지출 총금액이 구해졌다면 12달로 나눠 연간 지출통장에 매월 일정한 금액을 정기적금 하듯이 모아서 필요시에 사용하거나 보너스의 일부를 연간 지출 비용으로 쓰면 된다.

예비비통장은 증권사 CMA를 이용하는 것이 유리하다. CMA는 잔액에 이자가 매일 붙는다는 특징이 있다. CMA에 넣어 두면 돈이 머물러 있는 동안 이자를 받을 수 있다.

예비비통장을 일명 저수지통장이라고도 한다. 저수지는 가뭄을 대비해서 물을 모아두는 곳이다. 저수지통장은 예산을 세운 금액이 항상 유지되도록 관리를 하는 것이 중요하다. 저수지통장에서 돈을 꺼내어 썼다면 저수지통장이 마르지 않도록 곧바로 돈을 채워넣어서 일정 금액을 유지해야 한다.

☑ 저축·투자통장

미래를 위한 자녀교육비, 자녀 결혼자금, 내집 마련 등 분명한 목적을 가지고 돈을 모으고 관리한다. 자신의 재무상황이나 투자성향 등을 파악해서 투자방식을 선택하는 것이 좋다.

저축 혹은 투자,
원칙부터 파악하자

우리는 각자의 성향에 따라 '저축'과 '투자' 중에서 하나를 선택한다. 저금리 시대에 살면서
투자는 불가피하다. 다만 리스크를 감수해야 한다는 복병이 있다. 따라서 투자를 하기 전
에 나만의 투자 원칙이 있어야 한다.

☑ 나는 어떤 재테크가 적합한가?

저축이란 '아껴서 모으다'라는 뜻으로 은행의 예적금이 해당된
다. 원금손실이 없는 만큼 기대하는 이자율은 낮다. 즉 내가 맡
긴 돈에 대해 원금 정도로 만족해야 한다.

투자의 사전적 정의는 '가능성을 믿고 자금을 투자하다'이다.
투자의 대상을 믿고 기대한 대로 잘되면 높은 수익을 거둘 수
있다. 그런데 그 믿음과 반대로 잘못된 선택으로 원금조차 건지
지 못하고 잃을 수 있다. 원금손실이 발생해도 모두 본인 책임이
다. 증권사의 주식, 채권, 펀드 등 다양한 투자상품과 보험사의

변액보험, 변액연금이 투자상품에 해당된다. 이것들은 투자한 자산의 가치 변동에 따라 수익률이 영향을 받는다.

보통 각자의 성향에 따라 저축과 투자 중에서 하나를 선택한다. 저축은 위험성이 적은 만큼 기대수익이 낮다. 반면에 투자는 위험이 높을수록 높은 기대수익을 추구하지만, 원금손실 가능성도 있다.

이때 중요한 것은 다양한 위험 및 기대수익을 지닌 자산을 잘 이해하고, 나의 성향과 자산 현황에 맞는 저축과 투자의 구성 비율을 정해야 한다. 다만 이 일은 혼자 하기에는 간단한 작업이 아니다. 전문가의 도움을 받아서 본인의 성향에 맞는 저축과 투자를 해야 한다.

연령에 따른 저축과 투자의 적절한 비율이 존재할까? 젊었을 때 돈을 차곡차곡 모아야 한다는 생각이 대다수의 생각이다. 그런데 이는 선입견일 뿐이다. 투자 관점에서 보면 이는 허점이 있다.

부양할 가족이 없는 미혼이라면 또는 20~30대라면 공격적인 투자를 통해 높은 수익률을 기대해보는 것도 괜찮다. 더불어 투자에 대한 공부도 할 수 있는 시기이다. 하지만 주택마련이나 자녀교육자금으로 돈 들어갈 일이 많은 40~50대라면 5 대 5의 원칙으로 저축과 투자를 반반씩 병행해야 한다.

나이가 들수록 투자기간은 짧아지고 미래를 위해 최소한의

자금을 모아야 할 필요성도 커진다. 따라서 젊을 때는 소액을 투자하면서 경험을 쌓고, 나이가 들면서는 저축의 비중을 확대해 가는 것이 좀더 현실적인 접근 방법이다.

☑ 저축의 우선순위

은행에서 한 번쯤 '3년 안에 5천만 원 만들기' '5년 안에 1억 원 만들기'라는 식의 현수막을 본 적이 있을 것이다. 3년 안에 5천만 원을 모으려면 매달 139만 원씩 저축해야 한다. 5년 안에 1억 원을 모으려면 매달 167만 원씩 꼬박꼬박 모아야 한다.

그런데 우리나라 평균 급여는 20대는 약 200만~240만 원, 30대는 약 265만~313만 원, 40대는 약 370만~420만 원이다. 미혼이나 맞벌이가 아닌 이상 급여의 절반을 저축할 수 있을까? 사회 초년생이라서 종잣돈을 만들려는 목표가 아니라면, 우리 집 재무 상태와 재무목표에 맞는 저축 계획을 세워야 한다.

첫 번째 목표는 비상자금을 모으는 것이다. 가장의 소득이 갑자기 끊기더라도 최소 3개월 정도는 버틸 수 있는 비상자금을 준비해야 한다. 다만 외벌이 가정은 6개월 정도의 비상자금을 준비한다.

두 번째 목표는 나를 기준으로 '해야 하는 일들'과 '하고 싶은 일들'을 구체적으로 적어보고 필요한 금액을 정하는 것이다. 경조사가 있다거나 전세금을 올려줘야 한다거나 가족들과 해외여행 가기 또는 안마의자를 갖고 싶다 등 어떤 것이든 좋다.

특히 하고 싶은 일을 이루고자 꼭 정확한 금액을 모아야만 한다고 스스로를 다그칠 필요는 없다. 해당 시점이 되었을 때 모아둔 돈이 실제 필요한 돈보다 부족하더라도, 기준에 맞춰서 모아둔 목돈이 있으면 시기나 비용을 조정하면 된다.

비상자금 모으는 일, 해야 할 일, 하고 싶은 일 등 순서를 생각해서 저축의 우선순위를 정해야 한다. 1억 원 혹은 10억 원을 모은다고 하더라도 내가 필요한 돈을 모른다면 우리는 불안하다. 반대로 그보다 적은 돈을 갖고 있어도 내가 얼마가 필요한지를 안다면 문제는 훨씬 쉬워진다.

결국 부자란 필요한 시점에 돈이 부족하지 않은 사람이다. 나의 재무목표에 맞는 저축을 할 수 있는 사람이라면 이미 성공인생은 시작된 셈이다.

매달 1천만 원의 여윳돈이 있다면 어떻게 저축하고 싶은가? 은행에 안전하게 몽땅 저축할 것인가, 아니면 몽땅 투자할 것인가? 은행에 전부 저축하면 수익률은 상대적으로 떨어질 것이고, 투자를 선택했다면 하루하루가 불안해서 잠도 제대로 못 잘 것이다.

워런 버핏(Warren Buffett)은 "계란은 한 바구니에 담지 말아야 한다"라고 했다. 저축과 투자의 비중을 적절하게 5 대 5로 나눠서 손실 구간과 이익 구간을 설정하는 것도 좋은 방법이다. 여러 금융기관에는 전문 지식을 갖춘 전문가들이 있다. 그들에게 핵심적인 내용을 짧은 시간이나마 배워보는 것도 방법이다.

재무전문가는 우리의 현재 상황을 들여다보고 몇 가지 시나리오를 제시할 것이다. 그리고 포트폴리오의 약점을 파악해줄 수도 있다. 누구를 만나느냐에 따라 인생이 달라질 수 있다. 아는 사람 위주가 아니라 객관적인 관점으로 도움을 주는 전문가를 만나서 재테크 공부를 하길 바란다. 공부의 시작은 묻는 것이다. 그리고 묻다 보면 길을 찾을 것이다.

☑ 단리와 복리의 마술

단리와 복리는 이자가 붙는 방식의 차이다. 단리는 일정한 시기에 원금에 대해서 약정한 이자율과 기간을 곱해 이자를 계산하는 방식이다.

단리 계산을 해보자. 3년 만기 정기예금의 연 이자가 10%라고 하자. 월 100만 원씩 넣었을 때 3년 후에 받는 총이자는 30만 원이다. 원금에만 이자가 붙기 때문에 만기 때 받는 돈은 원금에 붙는 이자만 단순하게 더하면 만기 때 받을 금액이 된다(단리 계

산하는 방법: 원금×약정된 이자율×기간).

복리는 일정 기간 이자가 발생하면 다음 회차(원금+이자)에 다시 이자가 붙는 방식이다. 복리 계산을 해보자. 100만 원씩 3년 만기 정기예금의 연 이자가 10%라고 하자. 월 100만 원씩 넣었을 때 3년 후에 받는 총이자는 33만 1천 원이다.

같은 기간이라도 복리가 적용되면 이자가 더 발생한다. 따라서 투자기간이 길어질수록 투자 금액은 기하급수적으로 늘어난다(복리 계산하는 방법: 1회차 원금×약정된 이자율×기간, 2회차[원금+1회차 이자]×이자율×기간).

아인슈타인은 "인류 최고의 발명은 복리다. 복리야말로 우주에서 가장 강력한 힘이다"라고 복리를 극찬했다. 목돈을 모으기 위해서는 원금에만 이자가 붙는 단리보다 이자에 이자가 붙는 복리가 훨씬 유리하다.

하지만 복리에도 함정이 있다. 복리라고 해서 무조건 높은 수익률을 보장하는 것은 아니다. 복리 효과를 보려면 최소 7년 이상의 시간이 필요하고 금리도 상당히 높아야 한다. 그러니 복리만 보고 예적금을 가입하면 단리보다 손해를 볼 수도 있다. 저금리 시대에 복리를 앞세운 금융회사 마케팅에 현혹되면 복리의 마술이 아닌 함정에 빠질 수도 있다.

72의 법칙을 들어본 적 있는가? 72의 법칙이란 복리를 전제로 자산이 2배로 늘어나는 데 걸리는 시간을 계산하는 방식이다. 72를 연평균 수익률로 나누면 원금이 2배로 불어나는 데 필요한 시간을 계산할 수 있다.

예컨대 72에 수익률 연 2%를 나누면 36년이 되어야 원금이 2배가 된다. 4%일 경우 18년이 걸리고, 10%가 되어야 7.2년 만에 원금이 2배가 된다. 72의 법칙은 투자기간이 길수록 수익이 급격히 늘어난다.

저금리 시대에 72의 법칙은 중요하다. 제로금리 예적금으로는 자산의 증식을 기대하기가 어렵다. 제로금리 시대에 원금이 2배가 되려면 100년이 걸릴 수도 있다.

☑ 실패하지 않는 투자의 원칙

2020년 코로나19를 겪으면서 금융위기보다 더 극심한 경제위기를 맞이했다. 하루에도 몇 번씩 주식시장은 요동을 쳤다. 흔들리지 않는 투자를 위해서는 나만의 투자 원칙을 세워야 한다.

첫 번째로 자신의 투자성향에 맞는 투자를 해야 한다. 안정적인 성향을 가진 사람이 위험자산에 투자하게 되면 수익률이 하락했을 때 밤잠을 설치고 고민하다가 심리적인 두려움 때문에 손실을 보고 환매할 가능성이 크다. 그런 손해를 줄이려면 투자 전에 본인의 성향을 정확하게 진단할 필요가 있다.

두 번째로 투자목적을 명확하게 해야 한다. 어디에 쓸 자금인지, 필요한 금액은 얼마인지, 몇 년 후에 쓸 자금인지, 어느 정도의 수익률을 기대하는지 등을 구체적으로 파악한다. 예를 들어 3년 뒤에 3천만 원짜리 자동차를 구입한다면 월 투자금액 80만 원씩 적립하고 기대수익률은 연 5%로 정하는 것이다.

세 번째로 목표수익률을 분명히 정해야 한다. 펀드는 가입할 때 이미 만기 금액이 정해져 있는 예적금과는 다르다. 실적에 따라 매일 수익이 나거나 손실을 볼 수 있다. 그래서 감당할 수 있는 위험 수위를 넘지 않도록 해야 한다. 투자의 수익률은 환매를 할 때야 비로소 수익인지 손실인지가 확정되기 때문이다.

네 번째로 투자 시점, 투자 대상, 투자 지역을 분산시켜야 한다. 투자 시점에 대한 위험을 분산하는 방법 중 하나는 매달 정해진 금액을 불입하는 적립식 투자다.

투자 대상을 주식이나 부동산, 예금 등 다양한 투자자산을 분산하는 것과 마찬가지로 투자 지역을 분산시킨다. 국내외 특정 국가의 변수에 따른 위험을 상대적으로 낮출 수 있다.

다섯 번째로 거치식 투자는 신중하게 접근해야 한다. 주식시장을 함부로 예측하고 투자해서는 안 된다. 10번 중 9번 잘해도 1번 잘못하면 투자에 실패할 수 있기 때문이다. 특히 거치식 투자는 신중에 신중을 기해야 한다. 거치식 투자를 할 때는 목돈을 주식 편입 비율에 따라 나눠서 분산투자하면 위험을 줄일 수 있다.

저축과 투자로
돈 버는 방법은 따로 있다

목표에 따라 돈을 모으는 기간과 방법을 설정해야 한다. 단기자금, 중기자금, 장기자금은
저축과 투자의 방법이 다르다. 은행의 예적금, 적립식 펀드, 변액보험 등 구체적인 내용을
살펴보자.

☑ 단기자금을 준비하려면 은행 예적금으로!

1~2년 내에 사용해야 할 단기자금은 저축 기간이 짧기 때문에
언제 해지하더라도 원금이 보장되어야 한다. 즉 안정성과 유동
성이 좋아야 한다. 이에 적합한 것이 은행의 예적금 상품이다.
예적금은 언제 해지를 하더라도 원금이 보장되고 소정의 이자
까지 받을 수 있기 때문에 일반적으로 활용하는 금융상품이다.

다만 수익률이 낮다는 단점이 있다. 예전처럼 고물가 고성장
시기에는 은행 금융상품도 10%가 넘을 정도로 높은 금리였지
만, 저성장 시기에 접어들면서 이자는 계속 내려가서 이제는 2%

예금 상품도 찾아보기 힘들다. 이자율이 2%라 할 때 1천만 원을 예금해도 1년 만기 이자가 20만 원이고, 여기에 이자소득세 15.4%를 빼면 실제로 받는 이자는 17만 원이 채 되지 않는다.

적금은 어떨까? 이자율이 2%라 할 때 월 100만 원씩 1년을 납입하면 원금이 1,200만 원이므로 세금을 감안한다고 해도 20만 원 정도의 이자가 생겨야 한다. 하지만 실제로는 10만 원, 정확히 계산하면 이자는 10만 9,980원이다.

적금은 단리를 적용하기 때문에 첫 달에 낸 100만 원은 1년 동안 예치를 하므로 연 2%의 이자가 적용되지만, 마지막 달에 낸 100만 원은 1개 월만 예치하기 때문에 연 2%의 이자 중 한 달치 예치 이자, 즉 1/12만 준다. 그러다 보니 2% 금리라고 해도 실질적인 금리는 1% 수준인 셈이다.

결국 예적금은 돈을 굴려서 수익을 발생시키려는 목적보다는 목돈을 모은다는 것에 의미를 둬야 한다. 게다가 단기간 저축할 때는 수익률조차 큰 의미가 없다.

은행 이자가 2%일 때 1년간 1천만 원을 모으려면 월 83만 원씩 저축해야 한다. 만약에 수익률이 10%라면 얼마씩 납입해야 할까? 월 80만 원이다. 납입금액이 월 3만 원 차이가 난다. 그런데 수익률이 5배가 차이가 난다고 해서 월 납입금액이 1/5로 줄어드는 것은 아니다.

10%의 수익률을 내는 것이 쉬울까? 투자에는 손실 위험이 있

기 때문에 단기자금을 모으기 위해서는 은행의 적금이나 CMA 를 이용하는 것이 가장 효율적이다.

☑ 중기자금을 준비하려면 적립식 펀드로!

5~10년 정도 이후에 사용할 중기자금은 어떨까? 안전하게 적금 상품으로 준비하는 것이 맞을까? 아니다. 물가를 고려해야 한 다. 체감하지 못하더라도 물가는 상승하고 있다.

예전에는 과자 한 봉지에 300원 정도 했었다. 그런데 지금 마 트에 가면 어떤가? 1천 원짜리 과자도 찾아보기가 어렵다. 즉 시 간이 지날수록 물가가 상승하고 그로 인해서 돈의 가치가 떨어 진다. 저금리 시대에는 적금 이자가 물가상승률에 못 미치기 때 문에 저축을 할수록 내 돈의 가치는 줄어들게 된다. 따라서 중기 자금은 수익성을 고려해서 저축이 아니라 투자를 해야 한다.

대표적인 투자 방법으로 주식과 펀드가 있다. 주식은 수익률 이 매우 높다. 하루 만에 60%의 수익이 날 수도 있다. 반대로 60%의 손해가 날 수도 있다. 높은 수익을 기대하면서도 동시에 엄청난 손실을 초래한다. 손실 위험을 줄이기 위해서는 여러 종 목에 분산투자를 해야 한다.

그런데 바쁜 일반인이 주식 공부를 하는 것은 쉽지 않다. 그래서 주식의 단점을 보완하기 위해 펀드가 만들어졌다. 펀드란 '무엇인가를 담다'라는 의미가 있다. 펀드매니저가 여러 사람들에게 돈을 받아서 모은 다음, 이 돈을 여러 주식에 분산투자해서 운용한다. 그 결과 발생한 수익을 투자자에게 돌려주는 형태의 상품이 펀드다.

간접투자를 하면 손실 위험을 상당히 낮출 수 있다. 여기에 투자 손실을 더욱 낮추기 위해서는 적립식 펀드를 해야 한다. 적립식 펀드란 예금처럼 한 번에 큰 목돈을 투자하는 것이 아니라, 적금처럼 일정한 주기로 돈을 나누어서 투자하는 펀드를 말한다. 이런 방식으로 투자를 하면 평균 매입 단가를 낮출 수 있어서 안정적으로 투자를 할 수 있다. 이해하기 쉽게 예를 들어보겠다.

A와 B가 각자 3천 원으로 배추를 산다고 가정해보자. 시장에 갈 때마다 배추 값이 일정하지가 않다. 그날그날 가격이 다르다. 하루는 1천 원, 다음 날은 500원, 그다음 날은 다시 1천 원이 되었다. A는 첫날에 배추를 3포기 구입하고 B는 3일에 걸쳐서 배추를 구입했을 때, 누가 더 이익을 보았을까?

A는 1천 원짜리 배추 3포기가 있으니 3천 원으로 배추 3포기를 샀다. 그런데 B는 첫째 날에 1포기, 둘째 날에 500원짜리 배추 2포기, 셋째 날에 다시 1포기를 사서 배추가 총 4포기가 되었다. 즉 3천 원을 투자해서 4천 원어치의 물건을 샀다.

주식시장도 이 배추 값과 똑같다. 어떤 날은 오르고 어떤 날은 떨어진다. 때문에 적립식으로 투자하면 주식에 투입한 날과 인출하는 날 주가가 동일하다고 해도 수익을 낼 수 있다.

주식시장을 길게 본다면 우상향 곡선을 그리면서 나가기 때문에 일정 기간 이상으로 투자를 한다면 수익이 날 확률이 비약적으로 높아질 수 있다. 이를 코스트 에버리지(Cost Average)라고 한다.

☑ 장기자금을 준비하려면 변액보험으로!

10년 이상 저축하는 장기상품은 어떤 부분을 고려해야 할까? 장기상품은 수익률과 더불어 세금까지 고려해야 한다. 우리나라의 이자소득세는 15.4%이다. 미국 46%, 스위스 50.9%, 독일 53.8%에 비하면 OECD 국가 중에서 낮은 수준이다.

우리나라도 선진국 반열에 진입할수록 이자소득세는 늘어날 수밖에 없다. 비과세 상품도 보험사에만 남아 있는 상태다. 10년 비과세도 언제 없어질지 모른다.

노후자금이나 자녀교육자금 준비는 변액상품이 적합하다. 변액상품은 기본적으로 펀드에 투자하는 상품이다 국내뿐만이 아니라 해외에도 투자가 가능하다. 펀드가 가지고 있는 장점과 적절한 펀드변경을 통해 수익을 극대화시킬 수 있다.

주식시장이 호황일 때는 주식형 펀드에 투자를 하다가 불황일 때는 안전한 채권형 펀드로 변경해주면, 수익률을 충분히 방어할 수 있어서 좀더 안정적으로 자금을 운용할 수 있다.

변액보험은 비과세, 높은 수익률, 투자 안전성까지 있지만 사업비를 차감한다는 특징이 있다. 이는 투자상품을 운용하기 위해서 발생하는 비용인데, 이는 모든 금융상품뿐 아니라 우리가 이용하는 모든 것에 녹아들어 있다.

예를 들어 식당의 7천 원짜리 국밥은 원가가 3천 원 정도이지만, 식당 주인은 임대료도 내야 하고 종업원 월급도 줘야 하고 본인 이익도 남겨야 하므로 4천 원이라는 사업비를 추가해서 가격을 산정한다.

이처럼 원가를 제외한 모든 것이 사업비라고 생각하면 된다. 변액상품은 다달이 내는 돈의 10% 내외가 사업비다. 10만 원을 납입한다고 하면 9만 원만 적립이 되고 1만 원은 사업비로 쓰인다.

그렇기 때문에 추가납입을 잘 이용할 필요가 있다. 기본 납입금액이 20만 원이라고 하면 최대 40만 원까지 추가납입을 할 수 있다. 추가납입한 부분에 대해서는 사업비가 없다. 따라서 60만 원을 납입한다고 해도 기본 납입금액인 20만 원에 대해서만 사업비가 발생하므로 사업비 비율을 3% 내외까지 줄일 수 있다.

변액상품은 조기에 해지하면 해약환급금이 원금에 미치지 못하기 때문에 가입할 때부터 장기목표를 분명히 세워야 한다. 동시에 부담되지 않는 선에서 월 납입금액을 설정해야 한다.

◆ 보험료 추가납입 제도

추가납입은 기본 보험료의 2배까지 가능하다. 재정 상황에 따라 자금을 유연하게 운용할 수 있다. 추가납입 제도는 사업비나 계약금이 부과되지 않으므로, 기본 보험료와 추가납입 보험료로 나눠서 낼 경우 비용 절감의 효과가 있다.

◆ 보험료 자유납입 기능

가입자의 상황에 따라 보험료를 유연하게 납입할 수 있는 제도이다. 변액보험은 일정 의무납부 기간이 지난 후에는 가입자가 원하는 때에 보험료 납부가 가능하다. 그리고 계약이 해지되지 않는 한도에서 일정 기간 보험료를 내지 않을 수도 있다.

◆ 적립금 중도인출 기능

변액보험은 경제 상황과 자금 계획에 따라 납부한 보험료(해약환급금)의 범위 내에서 보험사의 기준에 따라 적립금 일부를 찾을 수 있다. 적립금을 찾을 때는 수수료 2천 원 또는 0.02% 중 저렴한 것을 부과하기도 한다. 중도인출시에는 해약환급금에서

인출 금액 및 인출 금액에 부과되는 이자만큼 차감하므로 해약
환급금이 감소할 수 있다.

◆ **변액보험 100% 활용하기**

은행의 금리가 아주 낮아졌다. 증권사 펀드 역시 경제가 불황
일 때는 안전하게 지키는 것이 어려워졌다. 하지만 변액보험을
제대로 활용하면 은행의 이자나 증권사의 펀드보다 좋은 결과
를 얻을 수 있다.

추가납입과 펀드변경이 적절하게 이루어진다면 필요로 하는
자금들을 잘 모을 수 있다. 2020년 코로나19로 인해 주식시장이
휘청였다. 그런데 거의 10년 동안 펀드변경을 꾸준히 한 고객의
수익률은 플러스 수익률로 빛을 냈다. 그뿐이겠는가? 변액보험
에 가입한 지 2년 정도 된 고객이 있었다. 추가납입을 100%까지
채우고 펀드변경을 열심히 한 그 역시 좋은 결과를 냈다. 변액보
험은 관리가 우선되어야 한다. 만약에 관리를 해줄 사람이 없다
면 변액보험은 아예 시작하지 않는 게 낫다.

당신도 혹시 보험이 저축인 줄 아는 금융문맹인가? 수입의 상당 부분을 보험으로 지출하는 가정이 많다. 보험은 리스크를 대비하므로 반드시 필요하지만 비용이라는 점을 염두에 두어야 한다. 비용은 무조건 줄여야 한다. 4일차에는 우리 집에 맞는 보험가입 요령과 손해 보지 않는 보험 리모델링을 알아보고, 보험설계사에게 휘둘리지 않는 보험가입 원칙과 우리 집 소득에 적합한 보험료 수준을 알아본다.

재테크 고수 도전

4일차

지금 당장 보험을
리모델링하라

똑똑하게 보험에 가입하는 방법

보장범위가 100%인지, 아니면 10%도 채 되지 않는지에·따라 돌려받는 혜택은 하늘과 땅 차이다. 내가 가입한 보험의 보장범위가 좁다면, 그만큼 보험금을 잘 받을 확률에서는 점점 멀어지는 셈이다.

☑ 한 번의 보험 선택이 평생 간다

보험은 알 수 없는 미래를 준비하는 것이다. 나와 우리 가족의 미래를 보호하기 위해서는 예기치 못한 위험으로 인해 발생하는 경제적인 어려움이 어느 정도인지를 미리 확인해야 한다. 그리고 보장범위와 보장기간 등을 잘 따져봐야 한다.

보장범위가 100%인지, 아니면 10%도 채 되지 않는지에 따라 돌려받는 혜택은 하늘과 땅 차이다. 내가 가입한 보험의 보장범위가 좁다면, 그만큼 보험금을 잘 받을 확률에서는 점점 멀어지는 셈이다.

더군다나 보험료는 보통 20년 이상 불입하기 때문에 보험료의 부담도 체크해야 한다. 자, 이제 장롱 깊숙이 넣어둔 보험증권을 꺼내서 확인해보자.

'우리 집 소득에 맞는 적정한 보험료인가, 보장의 크기가 적당한가, 보장의 기간이 적당한가, 보장범위가 충분히 넓은가, 실손보험 외에 갱신형 특약이나 담보는 없는가' 등의 사항을 반드시 체크해야 한다.

만약에 갱신형이 있다면 나중에 보험료 폭탄을 맞을 각오를 해야 할 것이다. 갱신형 보험은 나이가 많아질수록 보험료가 인상될 뿐만 아니라 죽을 때까지 보험료를 내야 하기 때문이다. 나중에 보험료 폭탄을 맞기 싫다면 지금 당장의 저렴한 보험료에 속으면 안 된다.

☑ 보험은 해지하면 정말 손해일까?

보험에 대한 나만의 기준이 있어야 부족한 보장을 찾을 수 있고, 넘치는 것을 가려낼 수 있다. 그러기 위해서는 먼저 보험에 대한 정의를 알아야 보험을 제대로 바라보는 눈높이를 키울 수 있다.

보험은 말 그대로 위험으로부터 보호받는 것이다. 그리고 보험료를 많이 낸다고 해서 결코 보장이 좋을 거라는 생각은 착각이다. 보험료를 내고 있는 만큼 보험금을 타고 싶은가? 그렇다면 어떤 상황이 와야 할까? 죽거나 아프거나 다쳐야 한다. 하지만 그러길 바라는 사람은 아무도 없을 것이다. 그런데 우리는 보험만 있으면 뭐든지 해결될 것이라며 철석같이 믿고, 바라지도 않은 일에 많은 보험료를 내고 있는 것은 안타까운 일이다.

우리 집 소득과 맞지 않게 매달 지출하는 보험료가 과하거나, 부족한 보장이 많거나, 보험의 종류가 갱신형이라면 하루라도 빨리 보험 리모델링을 해서 보험료를 줄이거나 미련없이 해지하는 게 현명하다.

일반적으로 '보험은 해지하면 손해'라는 인식이 매우 강하다. 보장이 형편없다는 걸 알면서도 아깝다는 이유로 무조건 유지하려는 사람들이 있다. 버스를 잘못 탔다면 중간에 내려야 한다. 그동안 타고 온 시간이 아깝다는 이유로 종점까지 가봤자 돌아오는 길은 더 힘들고 시간만 버릴 뿐이다. 보험도 마찬가지다.

더군다나 보험을 저축처럼 생각하기도 한다. 하지만 보장성 보험은 절대 저축이 될 수 없다. 중간에 해지하면 원금이 절반 수준밖에 되지 않는다. 중요한 점은 보험료를 많이 내다 보면 무조건 발생할 수밖에 없는 노후, 자녀교육, 주택마련 등을 준비할 수 없는 상황이 생기기도 한다.

☑ 소득에 맞는 보험료 수준 알아보기

한 달에 어느 정도 보험료를 내는 게 적당할까? 4인 가족을 기준으로 했을 때 가장 40%, 배우자 30%, 두 자녀 각 15%씩으로 보험료 비율을 정하면 된다. 이는 보험료 산정과 보험의 방향이 정해진 셈이다. 보험료 산정은 평균적으로 소득을 기준으로 1인 4%, 2인 8%, 3인 10%, 4인 12%, 5인 15%로 정하면 효율적으로 보험가입을 할 수 있다.

맞벌이 가정도 가장의 소득을 기준으로 7~10%를 초과해서는 안 된다. 물론 각 가정의 소득이나 상황에 따라 어느 정도 변동이 되기도 한다.

암 가족력이 있다면 암 진단비를 더 준비하면 된다. 보험은 기준이 변하지 않기 때문에 우리 가정에 가장 적합한 보험이라면 끝까지 유지하면 된다.

☑ 보험의 기준과 범위

위험에 대비해서 준비하는 것이 보험이다. 그렇다면 어떠한 상황이 오더라도 무조건 보장을 받을 수 있어야 한다. 보험을 어떤 기준으로 가입해야 할지 자세히 살펴보자.

◆ 실손의료비

상해나 질병으로 병원에 가면 진찰을 받거나 검사를 받는다. 그리고 진단 결과에 따라 치료를 받는다. 치료는 입원치료나 통원치료, 약을 복용하거나 수술, 재활치료 등으로 다양하다. 이때 우리는 병원비를 내는데, 보장조건에 따라 보험사에서 병원비를 돌려주는 것이 실손보험이다.

현재 실손보험은 건강보험 적용을 받는 항목인 급여 90%와 건강보험 적용을 받지 못하는 항목인 비급여 80%을 보장해주고 있다. 병원비를 담당하고 있는 실손보험은 가입율도 그만큼 높다.

하지만 실손보험의 최대 단점이 있다. 무조건 갱신형이라는 점이다. 갱신형이라는 말은 처음과 동일한 보험료를 내는 것이 아니라, 시간이 지남에 따라 위험률에 따라 보험료가 높아진다는 뜻이다.

30대 남성 기준 월 보험료는 2만 원 수준이지만, 나이가 들수록 기하급수적으로 늘어서 70대가 넘어가면 20만 원에 육박하는 보험료를 내야 한다.

또 하나의 단점은 납입에 만기가 없어서 보장받고자 할 때까지 보험료를 계속 내야 한다. 실질적으로 80세가 넘어가면 보험을 유지하기 힘드므로 이에 대비해서 노후의료비를 마련해야 한다.

◆ 암 진단비

　질병은 선택이 불가능하다. 일반적으로 사람들이 우려하는 질병에는 암, 뇌 질환, 심장 질환이 있다. 이는 우리나라 질병 사망원인 1, 2, 3위이기도 하다.

　2015년 통계자료를 보면 간암 평균 치료비가 7천만 원이었다. 병원 입장에서는 건강보험공단이든 개인이든 치료비를 받으면 된다. 개인은 치료비 7천만 원 중 건강보험공단에서 산정특례로 지원받은 치료비 90%를 제외하면 개인부담금 10%, 즉 700만 원만 부담하면 된다.

　이때 병원비는 실손의료비로 해결할 수 있지만 소득이 없어지는 것이 문제가 된다. 매달 쓰던 기본적인 생활비, 공과금, 학원비 등은 계속 들어간다. 간병인을 써야 할 상황이 불가피하다면 간병비는 어떻게 해결할 것인가? 그러니 이때를 대비해서 암 진단금을 준비하는 것이다.

　암 진단비는 가장의 연봉을 기준으로 설정하면 된다. 만약 연봉이 3천만 원이라면 진단비도 동일하게 3천만 원을 준비한다. 치료 기간이 길어질수록 진단금은 더 필요하겠지만, 최소 1년치 연봉을 준비하는 것이 좋다. 암 가족력이 있다면 여기에 1천만 원에서 2천만 원 정도 추가해서 준비하자.

　다만 진단금을 많이 받겠다는 생각으로 부담을 느낄 정도로 많은 보험료를 내는 것은 지양해야 한다. 절반이라는 확률에 일종의 '암 테크'를 하는 셈이다. 물론 암에 걸리지 않는다면 다행인 일이지만, 이는 돈을 낭비하는 일이기도 하기 때문이다.

◆ 뇌 질환

진단금을 가입할 때는 역시 보장의 범위가 중요하다. 뇌 질환은 크게 뇌졸중, 뇌출혈, 뇌경색, 뇌혈관 질환으로 나뉜다. 뇌출혈은 뇌혈관이 파열되는 것을 말하고, 뇌경색은 혈관이 막히는 것이다.

뇌졸중은 이 2가지가 원인이 되어서 발생하는 질환이다. 전체 뇌혈관 질환이 100%라고 한다면, 뇌출혈이 걸릴 확률은 9.7% 수준이고, 뇌졸중은 67% 수준이다.

보험담보가 '뇌경색 1천만 원, 뇌졸중 2천만 원, 뇌출혈 3천만 원'이라고 가정해보자. 어떤 담보를 선택해야 할까? 뇌출혈일 경우 3천만 원을 받는데, 1천만 원 받는 것과 보험료가 똑같다면 보험사가 바보가 아닌 이상 뭐가 다르지 않겠는가?

뇌출혈일 때 3천만 원을 받지만 발생 확률은 9.7%다. 뇌경색일 때 1천만 원을 받지만 발생 확률은 67%다. 이것보다 더 넓은 뇌 질환 담보는 보장범위가 100%이다. 결국 얼마를 받는지도 중요하겠지만, 뇌혈관 질환까지 보장되는 보장범위가 넓은 쪽으로 준비하는 것이 좋다.

◆ 심장 질환

급성심근경색, 협심증 등은 심장 질환이다. 일반적으로 급성심근경색만 보장해준다. 심장 질환 중 급성심근경색이 차지하는 비율은 9.8% 정도밖에 안 된다. 그렇기 때문에 협심증까지 보장해주는 허혈성 심장 질환을 준비하는 것이 현명하다.

결국 심장 질환 담보를 100% 받을 수 있도록 보험 리모델링이 필요하다. 보험금의 크기가 중요한 게 아니라 보장범위가 중요하다.

◆ 후유장해

후유장해는 상해후유장해와 질병후유장해로 구분된다. 신체를 눈, 귀, 척추, 팔, 장기, 신경계 등 13개 부위로 분류하고, 장기 22개에 87개 장애항목을 만들어서 심각성에 따라 3~100%의 장해지급률을 정한다. 이 기준에 따라 보험료를 지급한다.

만약 위암으로 위를 전체 절제한다면 장해율 50%라고 진단을 받는다. 위절제술로 인해 후유장해진단금 가입금액의 50%를 보험금으로 받아도 진단비는 그대로 남아 있다. 다른 부위가 중복보장이 되어서 추가로 진단금을 받을 수 있다.

또한 치매나 장기요양보험금도 받을 수 있는 후유장해, 내가 가입한 후유장해진단금도 3%부터 지급되는지 확인해보자.

◆ 수술

생명보험사는 약 6천여 가지 이상의 수술 기법, 심각도, 사고
와 질병의 경중에 따라 1~5종으로 나누어 수술보험금을 회당
지급한다.

손해보험사는 질병과 상해로 분류해서 경중과 상관없이 정해
진 금액을 보장해주지만, 질병수술에 실손보험 면책조건과 상
해수술에 손해보험 면책조건 적용이 되어서 생명보험사 수술특
약과 달리 회당 지급을 받지 못하는 경우도 많다.

그리고 하나의 상해로 수술을 2회 할 경우 1상해당 1회만 지
급한다. 질병의 경우에는 365일 동안 1회만 지급한다. 가입금액
이 적은 것도 단점이다. 그래서 현재는 생명보험사의 전유물이
던 1~5종 수술특약을 손해보험사에서도 판매하고 있다.

하지만 이름만 같은 1~5종 수술일 뿐이고, 단 한 곳의 손해
보험사를 제외한 나머지 손해보험사는 보장조건이 완전히 다르
다. 손해보험사 수술특약이라면 약관을 잘 확인해야 한다.

☑ 실손보험, 알아두면 도움되는 꿀팁

2013년 표준형 실손보험으로 개정되기 전에는 보험을 언제 가
입했느냐에 따라 보장 내용이 조금씩 달랐다. 본인이 가입한 시

기별로 실손보험마다 보장하는 기간이 조금씩 달랐다는 뜻이다. 가입시기에 따라 보장과 면책기간을 알아두면 유용하게 활용할 수 있다. 면책기간 동안은 아파도 보상을 받을 수 없다.

표준화 이전의 실손보험은 입원시 자기부담금이 없고 통원시 약값을 포함해 5천 원만 공제하고, 1억 원 한도까지 보장 가능하다. 그리고 상해로 인한 한의원·한방병원 치료, 교통사고로 인한 치과 치료 등도 가능하다. 게다가 보험료가 5년마다 갱신된다. 다만 보험료가 비싸다. 신규 가입자가 없어서 보험료 손해율이 점점 높아져 보험료 인상 요인이 되고 있다.

또한 가입 시기에 따라 실손보험 보장범위와 내용이 다르므로 잘 숙지해야 한다.

2009년 7월 이전에 가입한 실손보험은 100% 보장을 받을 수 있다. 일반상해의료비의 경우, 사고일로부터 180일 보장을 받을 수 있으나 그 이후는 보장이 안 된다. 그리고 상해입원의료비의 경우, 365일 보장이 되지만 그 후에는 보장이 안 된다. 질병입원비는 발병일로부터 365일 보장, 180일 면책기간, 365일 반복보장이 된다.

2009년 8월부터 2014년 3월까지 판매된 실손보험은 90% 보장을 받는다. 상해와 질병입원비는 입원일로부터 365일 보장을 해준다. 다만 동일한 사고나 질병은 90일 면책기간이 끝나면 다시 365일 보장을 받을 수 있다.

2014년 4월부터 2015년 12월까지 상해·질병입원의료비는 입원일로 365일 보장을 받는다. 그리고 90일 면책기간이 생기고, 365일 보장을 받는다. 다만 중간에 퇴원을 하고 180일이 지나면 새로운 사고로 인정해서 재입원시 그때부터 365일 보장기간이 발생한다.

2016년 1월부터 2017년 3월 출시된 착한실손보험은 상해·질병입원의료비를 5천만 원 소진시까지 면책기간이 발생하지 않는다. 5천만 원을 다 사용하면 90일 면책기간이 발생한다. 다만 5천만 원을 너무 빨리 소진한 경우는 365일이 될 때까지 면책기간이 발생한다. 예를 들어 150일 만에 5천만 원을 사용한 나머지 215일 동안 면책기간이 발생하고, 366일째부터 보장이 가능해진다.

☑ 보험용어만 잘 알아도 돈 번다

◆ 종신보험 vs. 정기보험

사망보험금은 가장의 사망으로 인해 수입원이 없어지면 당장 가족들의 생활비나 자녀 양육에 어려움이 생길 때를 대비해서 준비하는 것이다. 종신보험은 오늘 가입하고 내일 당장 죽든 늙어서 죽든, 자살 등의 특별한 사유가 없을 경우 사망 시기나 원인 등에 관계없이 보험금을 지급한다. 그래서 보험료가 비싸다. 보험사 입장에서는 손해율이 존재하기 때문에 우리가 내는 보험료의 30~40%를 사업비로 뗀다.

반면 정기보험은 정해진 기간 동안 보장을 해준다. 순수보장형이기 때문에 만기환급금이 없지만 종신보험 대비 1/5 수준의 보험료로 보장받을 수 있다.

자산이 30억~100억이 있어서 상속 준비를 해야 한다면 종신보험으로 준비해야 하지만 단지 가장의 보장자산이 더 필요하다면 정기보험으로 준비하는 것이 비용면에서 저렴하다. 종신보험과 정기보험은 장단점이 있으니 나의 상황에 맞게 준비한다.

◆ 갱신형 vs. 비갱신형

갱신형은 비갱신형보다 처음 가입할 때는 보험료가 매우 저렴하지만 갱신이 될수록 비싸진다. 그리고 만기 때까지 계속 보험료를 내야 해서 부담스럽다.

갱신이 되면서 보험료가 비싸지는 이유는 무엇일까? 보험료를 보면 위험보험료라는 항목이 있다. 위험보험료는 병에 걸릴 위험을 수치화해서 정한 것이다. 나이가 들수록 병에 걸릴 위험이 높아지니 위험보험료는 당연히 높아질 수밖에 없다.

젊을 때는 병에 걸릴 위험이 적어서 보험료가 싸지만 나이가 들수록 병에 걸릴 위험이 커지기 때문에 보험료가 비싸진다. 그래서 갱신형은 시간이 지날수록 비용면에서 부담스럽다. 병에 걸릴 위험에 대비하고자 보험을 가입하는 건데, 갱신될 때마다 보험료가 올라가면 보험을 유지하기조차 힘들어질 수 있다.

◆ **보험나이인 보험 상령일**

보험사에는 보험나이란 것이 있는데, 주민등록상 생일을 기준으로 6개월을 더하거나 뺀 나이가 보험 상령일이다. 보험나이 계산법은 가입시점에서 생년월일을 뺀 다음, 6개월 이상이면 1살을 더하고 미만이면 만 나이와 동일하다.

예를 들어 1991년 12월이면 보험나이는 2019년 6월 1일과 2020년 6월 1일이 상령일이 되어 보험나이가 1살 더 올라가게 된다. 이는 보험나이가 올라가서 보험료도 올라간다.

대부분의 보험상품은 연령이 높아질수록 질병이나 사고의 발생 위험이 높아져서 보험료도 비싸진다. 일반적으로 보험나이가 1살 증가할수록 보험료는 5~10% 내외로 증가한다. 따라서 보험 상령일이 다가오는 사람이라면 그전에 빨리 가입하는 것이 유리하다.

◆ **보험금청구권**

보험금청구권이란 보험금을 청구할 수 있는 권리를 말한다. 보험금은 지급사유가 발생한 날로부터 3년 이내에 청구할 수 있다. 계약자나 수익자가 3년 내에 보험금청구권을 행사하지 않으면, 소멸시효가 인정되어서 보험금을 청구할 수 없다.

◆ **보험금 거치제도**

피보험자가 사망하거나 보험기간이 만료되었을 때, 보험금의 일부나 전부를 즉시 수령하지 않고 일정한 이자를 받고 보험사에 예탁하는 제도이다. 보험금이 발생했지만 당장 필요하지 않다면 보험사에 운용을 맡겨서 자금을 안전하게 키울 수 있고, 보험사 입장에서는 운용자금을 보존할 수 있다.

◆ **한국질병분류코드**

보험에서 보장하는 질병이 무엇인지 정확히 알기가 어려울 때가 있다. 그럴 때는 병원 진단서에 기재된 질병코드(질병분류번호)를 확인해서 보험사에 문의하면 된다. 또는 질병분류 정보센터(www.koicd.kr)에서 질병명이나 질병코드를 검색해도 된다.

☑ 새는 보험료를 되찾는 방법

생활비 중에서 많은 비용을 차지하고 있는 것이 바로 보험료다. 보험은 아프거나 다쳤을 때를 대비해서 가입을 한다. 이때 확률은 50%인데, 매달 내는 보험료를 보면 한두 푼이 아니라서 부담스럽다.

많으면 보험료를 100만 원 이상 납입하는 가정도 꽤 있다. 보험은 저축처럼 돈을 낸 만큼 돌려받는 것이 아님을 명심해야 한다. 즉 아프거나 다쳤을 때 가입한 금액을 받기 때문에 '비용'으로 생각해야 한다.

고정적으로 나가는 보험료에서 새는 보험료는 없는지 찾아보자. 먼저 적립보험료를 보자. 손해보험사에 가입한 증권을 보면 보장보험료와 적립보험료가 따로 적혀 있다. 적립보험료는 보험이 만기가 되면 내던 보험료에서 일부를 돌려주는 만기환급형과 3년, 5년 또는 10년 갱신형 보험은 갱신시점에 보험료가 오를 때마다 미리 적립해두었던 적립금에서 인상된 만큼 보험료를 차감한다.

이 2가지 목적이 상당히 비효율적이다. 사람들은 원금 보상심리가 있어서 비싼 보험료를 내더라도 만기시점에 환급금을 일부라도 돌려받기를 원한다. 그러다 보니 보험료가 좀 비싸더라도 어쩔 수 없이 감수한다.

그러나 보통 보험만기는 80세 또는 100세로 만기가 길다. 결국 적립보험료를 80세 또는 100세에 돌려받는다는 뜻인데, 이는 돈의 가치는 고사하고 만기 전에 사망한다면 생전에 만져보지도 못할 돈이 된다.

괜히 보험사만 좋은 일 시키지 말자. 그러니 적립보험료를 0원으로 만들거나 아니면 최저금액으로 줄여서 새는 돈을 막아야 한다.

보험도 다이어트가 필요하다

매달 보험료를 납입하기가 버겁다면 보험을 줄이는 것도 한 방법이다. 이때 보험을 무조건 해지하는 것이 아니라 기준을 가지고 보험 리모델링을 해야 한다.

☑ 우리 집 보험 점검 포인트

'보험료 지출 세계 1위… 만족도는 꼴찌'라는 타이틀을 내건 기사를 본 적이 있다. 과한 보험료 때문에 저축도 못하는 가정이 안타깝게도 수두룩하다.

수희 씨 가족의 사례를 살펴보자. 수희 씨 가족이 가입한 보험은 종신보험 2개, CI보험 2개, 실비특약이 포함된 암보험 2개, 실비특약이 포함된 건강보험 1개, 어린이 보험 2개, 변액연금 보험 1개 등 개수만 무려 10개다. 보험료만 매달 120만 원 이상을 지출한다. 그러니 부담스러울 수밖에 없다.

설상가상으로 지난해 수희 씨의 남편이 이직에 실패하면서 수입 공백이 생겼고 생활은 더 어려워졌다. 매달 보험료를 납입하기 힘들어진 상황이었다. 그녀는 어떻게 해야 할지 몰라서 보험료 납입을 계속 미루다가 결국 보험을 줄이기로 마음먹었다. 그런데 어떤 보험부터 정리해야 하는 걸까? 이럴 때 아래의 보험 점검 포인트를 체크해봐야 한다.

- 보험료　현재와 미래 총납입 보험료가 소득 대비 적정한가? 가족 1인당 보험료가 적당한가?
- 비갱신 설계　갱신형 담보가 과도하게 설계되지는 않았는가?
- 의료실비　의료실비가 준비되어 있는가?
- 진단자금　암, 뇌 질환, 심장 질환 등 가족력을 고려한 진단자금 설계가 적절한가?
- 사망보험금　가정의 상황에 맞게 사망보험금을 준비했는가?
- 간병, 장해　상해, 질병 등의 장해에 대비해서 입원비나 간병비 준비가 적절한가?
- 배상책임　배상책임, 운전자 보험, 주택화재 등은 상황과 니즈에 부합하는가?
- 의료 예비비　간병자금 등의 추가적인 의료비가 발생했을 때를 대비해서 예비자금이 준비되어 있는가?

☑ 보험, 무조건 해약하면 안 된다

보험료가 부담이 되어서 해약을 생각하거나 보험 리모델링을 생각하는 사람들이 많다. 중복보장이나 과도한 보장, 불필요한 보장들을 덜어내는 것은 기본적으로 좋다.

그런데 보험은 일반인들에게 무척 어려운 분야다. 어디서부터 손을 봐야 할지 막막하다. 해약을 하자니 그동안 부은 돈이 아깝고 손해는 뻔하다.

그렇지만 너무 걱정할 필요는 없다. 보험을 해약하지 않아도 부담스러운 보험료를 충분히 줄일 수 있다. 다음의 제도들을 잘 활용하면 된다.

◆ 감액제도와 감액완납제도

감액제도는 보장받는 보험금 액수를 줄임으로써 매달 내야 하는 보험료를 낮추는 방법이다. 만약에 주계약 1억 원인 종신보험에 가입했다면 주계약을 5천만 원으로 낮추는 것이다. 이렇게 하면 보험료가 절반가량 줄어든다.

감액완납제도는 그동안 쌓여 있던 해약환급금으로 앞으로 내야 할 보험료를 완납하는 제도이다. 현시점에서 보험료를 더이상 내지 않고 해약환급금을 기준으로 보장금액을 새롭게 정하는 것이다. 해약환급금이 많다면 보장받는 보험금이 크게 줄지 않지만 해약환급금이 적을 경우에는 보장금액이 크게 낮아진다. 따라서 이 제도는 오래된 보험을 해지하지 않고 유지하고 싶을 때 활용하는 것이 좋다.

◆ 연장정기보험제도

오래된 보험을 해지하거나 보장금액을 줄이고 싶지 않다면, 보장금액은 그대로 두는 대신에 보장기간을 줄인다. 연장정기보험제도는 보험료를 더이상 내지 않고, 해약환급금 기준으로 보장기간만 정기보험 형태로 바뀌되 보장은 그대로 유지된다.

◆ 특약해지제도

가입한 보험 중에서 보장이 중복되거나 불필요한 특약 또는 담보들을 삭제할 수 있다. 보장 내용들을 꼼꼼히 살펴보고 보험사 고객센터나 보험설계사를 통해 배서신청하면 된다.

◆ 납입일시중지제도

이 제도를 활용하면 납입중지 기간 동안 보험료를 내지 않아도 보장은 그대로 받을 수 있다. 신청 가능 횟수는 보통 연간 최대 3회 정도다. 이때 보험료를 납입하는 횟수나 기간이 줄지 않는다. 그래서 납입종료일은 납입중지 기간만큼 연기된다.

◆ 자동대체납입제도

이 제도는 해약환급금을 보험료로 대체하는 제도다. 보험사의 사업비와 위험보험료가 합쳐진 금액을 월 대체보험료라고 하는데, 이는 보험을 유지하기 위한 최소한의 보험료다. 매달 보험료를 납입했을 때 쌓아둔 해약환급금에서 월 대체보험료를 빼가는 형식이다.

해약환급금을 다 사용하면 원래 보험료를 다시 내야 하고, 내지 못하면 보험이 해지된다. 가입한 보험상품 이름이 '유니버셜'이라고 쓰인 경우만 가능하다. 유니버셜 기능은 보험사에서 최소한의 기간 동안 보험료를 납입한 후에 자유납입이 가능하도록 하는 것을 말한다.

☑ 보험 리모델링 실전 노하우 5가지

첫째, 암, 뇌 질환, 심장 질환 등의 가족력이 있다면 중복보장이 아닌 복층설계로 준비한다. 예를 들어 100세 만기로 3대 질환 진단금 3천만 원가량을 비갱신형으로 준비하고, 나머지 질환에 대한 진단금은 20년 또는 30년 갱신형으로 복층설계를 한다. 이렇게 하면 저렴한 보험료로 보장금액을 더 준비할 수 있다.

둘째, 보험료는 가장의 월소득 10% 이내가 적정하다. 가장이

200만 원을 번다고 가정했을 때 온 가족 보험료는 20만 원을 넘지 않아야 한다. 그런데 소득이 1천만 원이라면 어떨까? 월소득의 10%라는 기준을 따라서 100만 원이면 될까? 절대 아니다. 30대 가장의 4인 가족 기준으로 보면 소득이 많더라도 보험료가 40만 원을 넘어서는 안 된다.

셋째, 해지가 완벽한 손해는 아니다. 앞서 말했듯이 버스를 잘못 탔다면 중간에 내려서 다른 버스로 갈아타야 목적지에 도착한다. 보험도 그동안 불입한 돈이 아깝다고 해지를 안 하면 문제가 생긴다. 보장도 제대로 못 받고 보험사만 좋은 일이다.

넷째, 보장기간을 늘려야 한다. 나이가 들수록 질병이 발생할 확률이 높아진다. 따라서 보장기간은 90~100세로 평균수명까지 보장받는 것이 좋다.

다섯째, 아직도 보험사의 브랜드를 보고 보험을 가입하는가? 자동차 보험에 가입할 때도 모든 보험사에 비교견적을 내보고 가입여부를 결정한다. 나와 내 가족을 위한 보험인 만큼 모든 보험사를 비교해보고, 특약 하나하나를 꼼꼼히 살펴보고, 약관까지 잘 확인해야 한다. 특히 보험금을 잘 안 주려는 보험사가 몇 군데 있으므로 민원의 발생 빈도 등을 체크해서 보험사를 잘 선택하자.

우리 집 보험,
제대로 보장받을 수 있을까?

공신력 있는 기관들의 보험 통계자료를 통해서 나중에 내가 보장을 잘 받을 수 있을지, 각자의 보험증권을 스스로 점검하자.

☑ 보험통계로 체크하는 우리 집 보험 셀프점검

국민건강보험공단, 국가암관리사업단, 보건복지부, 건강보험심사평가원 등 공신력 있는 기관에서 제공하는 보험통계로도 우리 집 보험을 점검할 수 있다. 나중에 내가 보장을 잘 받을 수 있을지는 보험증권을 통해서 알 수 있다.

사람들이 가장 많이 걱정하는 암과 관련된 통계자료를 보자. 2019년에 발표된 국가 암 등록 통계를 보면 2017년 한 해 동안 남녀 전체에서 가장 많이 발생한 암은 위암이었다. 그다음으로 대장암, 폐암, 갑상선암, 유방암, 간암 등의 순이었다.

암에 걸리면 일을 못하기 때문에 실직률이 83.5%에 이른다고 한다. 10명 중 9명은 소득이 없어지거나 줄어든다는 이야기다. 항암치료로 인해 몸이 힘들어서 일을 스스로 그만두기도 한다. 소득이 끊기면 환자는 치료에만 전념할 수가 없기 때문에 실손보험만으로 위험에 대비할 수 없다. 그래서 암 진단비는 본인의 연봉만큼은 꼭 필요하다.

평균적으로 암 환자의 의료비 부담액은 2,877만 원이다. 이 중 약 71%인 2,042만 원이 비급여 항암제 비용으로, 실손보험이 있으면 병원비는 거의 해결된다. 따라서 보험 점검의 첫 번째는 실손보험에 가입되어 있는지를 확인하는 것이다.

실손보험이 없다면 최소 2천만 원 이상은 의료비 비상금으로 준비해둬야 한다. 실손보험에 가입할 것인지, 의료비 비상금 2천만 원을 준비할 것인지는 각자의 기준에 따라 선택하겠지만, 실손보험은 건강할 때 미리 준비를 해두는 것이 좋다.

다음은 치매통계를 보자. 대부분의 사람들은 나이가 들수록 암보다 치매를 더 두려워한다. 중앙치매센터의 조사결과에 의하면 65세 이상의 치매 발병률은 2020년 10.3%, 2050년에는 16.1% 증가할 것이라고 한다.

치매는 질병 자체로도 환자에게 치명적이지만 가족에게도 경제적인 부담이 된다. 그런데 대부분의 치매보험 상품은 중증치매를 보장하기 때문에 보험금을 받기가 까다롭다. 치매보험보다 훨씬 저렴하고 넓게 보장을 준비할 수 있는 방법을 알아보자.

첫째, 질병후유장해 진단비이다. 경증치매에 해당하는 CDR 척도 2라면 40% 후유장해를 인정받아서 보험가입 금액의 40%를 일시금으로 받을 수 있다. 만약 질병후유장해 3천만 원에 가입했다면 1,200만 원을 목돈으로 받으므로 이 돈을 생활비나 요양 병원비 등으로 쓰면 된다.

둘째, 장기요양 진단비 특약이다. 장기요양 등급을 받기 어려운 1~2등급뿐만 아니라 4등급을 받아도 진단비를 받을 수 있다. 나이와 성별에 따라서 적게는 2만 원, 많게는 3만~4만 원이면 100세까지 보장을 준비할 수 있다.

셋째, 치매입원일당이다. 치매에 걸리면 치료방법이 달리 없어서 병이 진행되면 병원에 입원한다. 입원기간도 긴데 이때 치매입원일당이 있다면 의료비 부담을 덜 수 있다. 보험료도 상당히 저렴해서 보험료 대비 알짜배기 특약이다.

☑ 국가에서 보장하는 노인장기요양보험

노인장기요양보험은 사회보험으로서 법률로 의무화되어 있다. 장기요양이 필요한 65세 이상의 어르신과 노인성 질병이 있는 65세 미만의 어르신을 대상으로 한다. 국민건강보험에 가입되어 있으면 누구나 이 보험에 신청해서 보장을 받을 수 있다.

등급판정위원회에서 조사를 하고 장기요양 등급을 나누는데, 1~5등급으로 분류한다. 등급별 보장내용은 일상생활을 하는 데 불편한 정도를 점수로 수치화한 것이다.

1등급은 심신의 기능상태 장애로 일상생활에서 전적으로 다른 사람의 도움이 필요한 자로서 장기요양인정 점수가 95점 이상인 자, 2등급은 상당 부분 다른 사람의 도움이 필요한 자로서 75점 이상 95점 미만인 자, 3등급은 부분적으로 다른 사람의 도움이 필요한 자로서 60점 이상 75점 미만인 자, 4등급은 일정 부분 다른 사람의 도움이 필요한 자로서 51점 이상 60점 미만인 자, 5등급은 치매환자로서 45점 이상 51점 미만인 자로 구분한다.

장기요양 등급을 받으면 장기요양기관을 이용할 수 있다. 또한 신체활동이나 가사지원 서비스 등을 가정에서도 받을 수 있다. 등급을 나누는 평가항목은 옷 벗고 입기, 세수하기, 양치질하기, 날짜 인식, 의사소통 등 52가지 항목이다.

건강보험공단에서 장기요양 등급을 결정하고 그에 맞는 보장을 한다. 보험사에서도 간병보험이라는 상품으로 건강보험공단의 등급으로 보장을 해주고 있다. 과연 몇 등급 이상이어야 진단금을 줄까?

대부분 간병보험은 1~2등급일 때만 보험금을 지급하는 경우가 많다. 1~2등급은 침대에서 일어나지도 못하고 혼자서 식사, 거동, 배변 자체가 어려운 상황이다. 사실 1~2등급을 받기가 쉽지 않다. 그리고 보장을 받기 위해서는 65세가 되어야 한다.

보험금을 받을 일이 없는 상황이 가장 좋지만 보장을 받기가 쉽지 않다면 비싼 보험금을 내고 있는 것 자체는 돈을 버리는 경우와 같다.

☑ 간호·간병 통합 서비스

간호·간병 통합 서비스는 보호자 없는 병원, 즉 간호사와 간호조무사가 한 팀이 되어 환자를 돌봐주는 서비스를 말한다. 간호사가 입원 병상의 전문 간호서비스를 24시간 전담하고, 간호조무사는 간호사와 함께 보조 역할을 수행해 개인적으로 간병인을 두거나 보호자가 환자를 돌보지 않고도 입원생활을 편안하게 유지할 수 있다.

간병인을 구하기도 힘들고, 구한다고 해도 일당이 10만 원을 훌쩍 넘는다. 한 달만 입원해도 월 300만 원이라는 어마어마한 비용이 든다. 게다가 가족 간병으로 갈등을 빚을 수 있다. 이때 간호·간병 통합 서비스를 활용해보자. 이 서비스는 누구든지 이용할 수 있다.

간호·간병 통합 서비스는 건강보험이 적용되므로 약 2만 원 내외의 비용으로 서비스를 받을 수 있다. 암과 같은 중증 환자라면 건강보험이 추가로 적용되어서 일반 환자에 비해 더욱 저렴하게 이용할 수 있다.

국민건강보험공단은 환자 상태의 중증도와 질병군에 제한이 없으며 병동 이용에 동의한 모든 환자를 대상으로 실시한다고 발표했다. 그러나 실제로 모든 병원에서 간호·간병 통합 서비스를 운영하지는 않는다.

서비스를 운영하더라도 진료과목마다 운영 여부가 달라지니 병원에 사전에 문의해야 한다. 대부분의 병원에서는 입실 기준이 따로 없다고 말하지만, 실제로는 환자 스스로 거동이 가능해야 입원을 허락한다. 즉 화장실에 혼자 갈 수 없거나 스스로 밥을 먹을 수 없는 환자라면 서비스를 이용하지 못할 수도 있다. 누구나 제약없이 서비스를 이용할 수 있도록 현실적인 제도 개선이 필요하다.

보험사에도 간병인지원 보험이 있다. 48시간 이전에만 요청을 하면 간병인을 보내준다. 공동 간병인을 사용하더라도 지원이 된다. 장기요양 등급을 받기 힘든 치매나 간병보험보다 실질적으로 다치거나 아팠을 때 간병인지원을 받는 것이 훨씬 도움될 것이다.

우리 아이,
다양한 보험으로 지킨다

태아보험을 가입하려면 임신 10~16주 사이에 가입하는 것이 안전하다. 또 어린이들이 언제 병원에 많이 가는지, 어떤 치료를 주로 받는지 알아두면 어떤 보장이 필요한지 알 수 있다.

☑ 2세 탄생의 기쁨, 보험으로 지켜라

태아보험에 가입할 때는 엄마들의 적극적인 행동이 필요하다. 보험을 가입하는 일은 최소 1,200만 원이 넘는 상품을 무려 240개월 할부로 구입하는 것이나 마찬가지여서다.

요즘 엄마들은 정보력도 있고 똑똑하다. 그런데 보험을 가입하는 일은 너무나 수동적이다. 설계사가 이 보험 좋다고 찍어준다고 해서 무턱대고 가입하면 안 된다.

태아보험에 가입할 때 중요한 것은 가입시기다. 반드시 임신 22주에 맞추어서 준비할 필요는 없다. 임신 사실을 확인한 후에 여러 보험사에 보험 견적을 받아서 비교하자. 그러고 나서 임신 10~16주 사이에 가입하는 것이 안전하다. 임신 16주 이후는 산모나 태아에게 이상소견이 발견될 확률이 높다. 이때 보험가입에 제한이 걸릴 수도 있으니 10~16주가 좋다.

태아보험에 가입할 때 고가의 사은품이나 선물에 현혹되어서 가입하는 경우도 있는데, 이게 제일 큰 문제다. 불완전판매상품은 중도해지하고 나서 신규로 가입하더라도 제약이 걸려서 어쩔 수 없이 끝까지 유지하는 경우가 많다. 그러니 사은품이나 선물보다는 보장내역에 중점을 두고 가입하자.

자녀의 보험을 가입하려는 목적에 따라서 태아보험의 종류가 달라진다. 그러므로 태아보험을 가입하려는 목적을 분명히 해야 한다.

☑ 어린이 보험은 어릴 때 가입하자

어린이 보험은 어릴 때 가입하면 성인이 되어서 가입하는 것보다 보장금액은 크되 보험료는 훨씬 저렴하게 준비할 수 있다. 예를 들어 질병후유장해나 뇌 질환, 심장 질환 등과 같은 진단금도 어린이 보험으로 가입하면 담보금액이 5천만 원 이상으로도 가입할 수 있다.

특히 만 30세 미만 성인들도 어린이 보험에 가입할 수 있다. 성인 보험 대비 어린이 보험은 보험료가 저렴하면서 보장의 범위가 넓다. 성인이 되기 전에 어린이 보험을 미리 준비하는 것이 좋다.

상담을 하다 보면 '아이가 성인이 되었을 때 보험회사가 망하면 어떡하나'라고 걱정하는 사람들을 종종 본다. 요즘 보험사가 역마진 때문에 파산할 수 있다는 뉴스를 보면 걱정이 되는 것은 당연하다.

아직 우리나라는 보험회사가 파산한 적은 없지만, 보험사끼리 인수합병은 많이 이루어졌다. 인수합병을 할 경우 계약이전 제도를 통해 모든 보험계약은 인수하는 보험사에 그대로 이전된다. 그래서 처음 가입한 조건대로 보장을 받을 수 있다.

하지만 실제로 일본에서는 여러 보험회사가 파산하기도 했다. 파산은 또 다른 이야기다. 보험사가 파산하면 내가 냈던 보험료는 어떻게 될까? 다행히 보험도 은행의 예적금과 마찬가지로 1인당 5천만 원 한도로 예금자보호가 된다. 예금자보호법에 따라 예금보험공사가 해지환급금, 만기보험금, 사고보험금, 기타보험금을 합해 1인당 5천만 원까지 보호해준다.

고혈압, 당뇨병이 있어도 보험가입이 가능한가?

유병자 보험에 가입하기 전에 일반 보험가입이 가능한지 먼저 확인하는 것이 필요하다.
일반 보험에 들 수 있는데 유병자 보험에 가입하면 보험료나 보장면에서 불리하다.

☑ 유병자 보험, 의외로 괜찮다

예전에는 당뇨, 고혈압 등 만성질환의 유병자는 보험에 가입할
수 없었다. 그런데 최근 급격한 고령화로 인해 유병자 보험제도
를 시대에 맞게 개선하면서 만성질환자도 보험에 가입할 수 있
게 되었다.

다만 유병자 간편 보험의 보험료는 일반 건강보험보다 상대
적으로 비싸다. 그러므로 가입 전에 가입 조건과 보험료 등을 꼼
꼼히 알아보아야 한다.

유병자 간편 보험은 '3, 2, 5'라는 구체적인 가입 조건이 있다.

우선 3개월 이내 의사의 입원과 수술 추가검사 소견이 없어야 하고, 2년 이내 입원과 수술한 적이 없어야 한다. 그리고 5년 이내 암 진단 입원, 수술 경력이 있는지 여부가 보험가입 조건이다. 간편 심사 '3, 2, 5' 기준을 통과하면 대부분의 유병자도 의료실손보험에 가입할 수 있다. 유병자 보험은 일반 건강보험보다 가입 절차가 더 쉽다.

유병자 간편 보험을 가입하기 전에 몇 가지 알아두어야 할 유의사항이 있다. 먼저 일반 건강보험에 가입이 가능한지부터 알아보아야 한다. 유병자 간편 보험의 보험료는 보장 내용이 일반 건강보험과 같다고 하더라도 보험료가 최대 2배 이상 비싸기 때문이다.

만성질환을 앓고 있더라도 현재의 건강 상태에 따라 일반 보험에 가입할 수 있다. 예를 들어 고혈압이 있더라도 약을 꾸준히 먹고 있으면 일정하게 혈압을 유지하는 경우가 많다. 그런 경우에는 유병자 할증비용만 내고 일반 보험에 가입하는 것이 훨씬 유리하다.

유병자 실손보험은 일반 실손보험에 비해 비싸고 보장은 좁다. 약제비와 비급여 항목은 아예 빠져 있다. 게다가 자기부담금도 30%로 높다. 그럼에도 가입을 하는 게 더 낫다. 병력이 있는 만큼 병원에 갈 확률은 높기 때문이다.

☑ 보장받기가 까다롭고 보험료도 비싼 보험

보장을 받기 쉽거나 보험료가 상대적으로 저렴한 보험도 있지만, 반대로 보장받기도 까다로운 데다 보험료도 비싼 보험이 있다. 바로 CI종신보험이다.

CI보험은 중대한 질병에 포함되지 않으면 보험금을 청구해도 못 받을 가능성이 크다. 특히 중대한 뇌졸중은 신경학적 결손 장해가 25% 이상이 되어야 한다. 말 그대로 거의 식물인간 상태가 되어야 보험금을 받을 수 있다. 민원의 소지가 많고 보장받기가 까다롭기 때문에 애초에 가입하지 않는 것이 상책이다.

당신이 바로 '보험 호갱?'

우리들 머릿속에 있는 수술에 대한 개념을 버려야 한다. 칼을 대는 수술만 수술이 아니다. 방사선 치료를 받거나 약을 먹어도 수술특약 보험금을 받을 수 있다.

☑ 혹시 내가 보험사 호구고객?

혜숙 씨는 보험료를 다 내고 보험금은 받지 못하는 호구고객, 이른바 '호갱'이 될 뻔했다. 몇 달 전에 남편이 건강검진을 받았는데 남편의 대장에서 용종이 발견되었다. 남편은 수면내시경 검사 중에 용종을 제거하고 그 후로는 잊어버렸다.

그러던 어느 날 혜숙 씨는 신문을 읽다가 깜짝 놀랐다. 대장내시경 검사 중에 용종을 제거한 것도 수술로 인정한다는 내용이었다. 부랴부랴 몇 년째 꺼내보지 않은 보험증서를 살펴보니 계약사항에 수술특약이 있었다. 보험사 고객센터에 전화해서 확인한 후 보험금 청구에 필요한 서류를 제출하고 수술보험금을 받았다.

"모르고 지나치면 어쩔 뻔했어요. 수술비가 적게 들고 간단한 수술이라고 생각해서 보험금은 생각도 못했는데…. 이렇게 보장받을 수 있는 걸 놓칠 뻔했어요."

보험은 마음 편하자고 드는 게 아니라 실제로 보장을 받기 위해서 드는 것이다. 그런데 많은 사람들이 보험금을 제대로 지급받지 못하고, 그런 경험 때문에 "보험 들어봤자 소용없다"는 말을 많이 한다.

☑ 일단 의심하면 보험금을 받을 수 있다

보험금을 지급받기 위해서 알아두어야 할 사항들을 살펴보자. 사고나 질병으로 보험금을 청구할 일이 생겼다면 지급받는 금액이 적정한지 의심해야 한다.

만약에 빙판길을 걷다가 넘어져서 허리를 삐끗했다고 하자. 일상에서 충분히 일어날 수 있는 일이다. 병원에서 디스크, 즉 추간판 탈출증이라는 진단을 받았다.

보험사에 문의하면 보통 2가지를 묻는다. 그건 바로 '수술을 했느냐'와 '입원을 했느냐'다. 디스크로 허리가 아프지만 수술

할 정도는 아니어서 며칠 물리치료만 받았다고 가정하자. 정말 보험금을 받을 수 없을까? 디스크는 입원하지 않아도, 수술하지 않아도 장애보험금 청구가 가능하다.

병원에서 CT나 MRI 검사로 추간판 탈출증이라는 진단을 받고 주변 부위로 뻗치는 증상, 즉 하지방사통이 있다면 척추장해로 후유장해 보험금을 받을 수 있다.

"가벼운 디스크로 장애 판정을 받을 수 있어요?"라고 많이 묻는데, 가벼운 추간판 탈출증은 장해율 10%에 해당된다. 재해상해특약은 가입금액도 커서 장해율 10%라 해도 액수가 적지 않다. 보장금액이 1억 원이라면 최대 1천만 원을 받을 수 있다.

디스크뿐만이 아니다. 외모에 흉터가 남은 경우도 장해진단을 받을 수 있다. 또한 어깨, 무릎, 발목의 인대파열 등으로 수술이나 치료를 받은 경우도 장해진단이 가능하다.

수술의 경우에는 칼을 대는 수술만 수술이라는 선입견을 버려야 한다는 점이다. 방사선 치료를 받거나 약을 먹어도 수술특약 보험금을 받을 수 있다. 대표적인 것이 항암방사능 치료다.

한 달 이상 방사능 치료를 받았다면 수술보험금을 추가로 청구할 수 있다. 이때 방사능의 양을 일반적으로 5천 라드(rad)라고 정해놓는다. 갑상선 치료 중에 먹는 약으로 방사능 치료를 받는 경우도 수술보험금 지급 대상이다.

이처럼 보험약관은 일반 상식과 다른 경우가 많다. 알아보지도 않고 보험금 지급이 안 될 것이라고 생각해서 포기하면 안 된다. 보험금 지급을 적용하는 영역은 생각보다 넓으니 좀더 관심을 가지고 살펴보면 보험금을 더 많이 받을 수 있다.

흔히 쌍꺼풀 수술이나 치과 치료는 보험이 적용되지 않는다고 생각한다. 물론 성형수술은 보험금이 지급되지 않는다. 하지만 눈꺼풀이 아래로 처지는 증상을 치료하고자 안검하수술을 받았다면 보험금이 지급된다. 또한 치주염으로 치조골이식술을 한 경우라면 수술특약을 통해서 치아보험이 아니더라도 보장을 받을 수 있다.

약관에 적혀 있는 질병이나 수술이 전부가 아니다. 특히 수술특약의 경우 약관에는 80가지 정도만 써놓는다. 세세한 병명까지 파고들면 실제로는 적용 대상이 1,700여 개에 이른다. 그러니 보험금을 받을 수 있을지 일단 의심하라.

☑ 보험, 알아두면 돈이 되는 노하우 5가지

◆ 갱신형 보험, 보험금 받고도 갱신연장이 가능한가?

보험금을 지급받은 후 보험갱신을 할 때 가입이 거절될까봐 불안할 수 있다. 그러나 자동갱신이 적용되므로 걱정할 필요가 없다. 가입자의 해지의사가 없다면 계약은 만기까지 유지된다.

◆ 형사합의금 vs. 교통사고처리지원금

운전자 보험은 가입 연도에 따라 형사합의금 또는 교통사고처리지원금으로 나뉜다. 형사합의금은 정액보상으로 여러 개 가입시에 중복보상이 가능하지만 중상해사고와 동승자는 보상받을 수 없다. 중상해 교통사고처리지원금 특약을 추가로 가입해야 한다.

교통사고처리지원금은 실손보상으로, 실제로 합의한 금액만 보상한다. 중상해사고와 동승자도 보상처리된다. 2017년 3월 이전 운전자 보험가입자라면 합의금이 선지급되는 운전자 보험으로 갈아타는 것이 유리하다.

◆ 실손보험, 제대로 알자

첫째, 2개의 실손의료보험에 중복가입할 경우 보험금을 2배로 받는 것은 아니다. 실제 부담한 의료비 내에서만 보장받고 보장한도는 늘어난다. 그러니 중복가입을 피해야 한다.

둘째, 실손보험이라고 해서 모든 의료비를 지원하는 것은 아니다. 성형수술처럼 외모를 개선하려는 목적의 의료비, 간병비, 건강검진, 예방접종, 의사의 진료 없이 구입하는 의약품, 의약외품과 관련해서 소요된 비용은 보장하지 않는다.

셋째, 실손의료보험은 단독형 상품과 사망, 후유장애 같은 다른 주계약에 특약으로 부가되는 특약형 상품이 있다. 이미 암보험, 종신보험 등 다수의 보장성보험에 가입한 사람은 보험료가 저렴한 단독형 상품에 가입하는 것이 유리하다.

넷째, 실손의료보험은 어느 보험사에 가입하든지 보장 내용은 동일하다. 다만 보험료는 차이가 있으므로 가입 전에 보험사별로 비교해보고 가입하는 것이 좋다.

다섯째, 연령 때문에 일반 실손의료보험 가입이 어렵거나 은퇴 후 보험료를 내는 것이 부담스러운 고령자라면 노후실손의료보험에 가입할 수 있다. 가입 나이가 50~75세, 보험사에 따라 최대 80세인 경우에도 가입이 가능하다.

여섯째, 2013년 4월 이후에 가입한 실손의료보험은 매년 보험료가 갱신되고 15년마다 재가입이 필요하다. 실손의료보험은 가입자의 나이가 많아질수록, 손해율이 높아질수록 보험료가 올라간다. 또한 재가입 시점에 보장범위 등이 변경될 수 있다.

◆ 전문가의 도움을 받는다

보험약관은 보험설계사들도 이해하기 어려운 문장으로 적혀 있다. 가벼운 질병이나 사고는 보험사 고객센터를 통해서 문의하는 것이 좋다. 만약에 중대한 질병이나 사고라면 손해사정사나 변호사의 도움을 받아야 한다. 보험과 관련된 단체에 자문을 구하는 것도 좋다. 전문가들이 재능기부 차원에서 보험금 수령을 무료로 도와주기도 한다.

◆ 놓친 보험금, '내 보험 찾아줌'에서 찾는다

가입한 보험들이 흩어져 있으면 어느 보험사에 어떤 보험을 가입했는지 몰라서 보험금을 청구하지 못하는 경우도 있다. 그렇게 놓친 보험금을 '내 보험 찾아줌(cont.insure.or.kr)'에서 간편 인증을 하면 가입한 보험계약과 놓친 보험금을 조회할 수 있다.

이용 방법은 간단하다. '숨은 보험금 조회하기'를 누른 후 이름, 전화번호, 주민등록번호를 입력하면 휴면, 중도, 만기의 보험금을 확인할 수 있다. 공인인증서는 휴대폰 혹은 아이핀 인증 중에 하나를 선택해 인증하면 내 보험 알아보기가 가능하다.

휴면보험금 조회 후 내 보험 찾기는 각 보험사 온라인 청구 시스템을 통해 돌려받을 수 있다. 또한 생명·손해보험협회 등에서 조회하는 휴면보험금은 물론 중도·만기 보험금까지 조회할 수 있다.

제로금리와 저성장 시대의 도래로 인해 부자의 꿈을 포기하는 사람들이 많다. 그러나 저성장 시대에도 해법은 있다. 5일차에는 저성장 시대를 이겨내는 저축과 투자 방법에 대해 알아본다. 신뢰할 만한 금융상품 리스트를 종류별로 살펴보자. 자금이 필요한 시점에 맞춘 저축의 방법과 그에 맞는 금융기관에 대해서도 자세히 알아보자.

재테크 고수 도전

5일차

저축과 투자로
돈을 불리자

강제저축으로
목돈 만들기

처음에는 월급의 절반 이상을 떼어놓고 남은 돈으로 생활하는 일이 힘들 것이다. 하지만 이런 생활도 하다 보면 차츰 익숙해지고, 예산 내에서 돈을 쓰는 계획소비가 가능해진다.

☑ 강제저축이 답이다

영어 강사인 지혜 씨는 결혼 3년 만에 대출을 끼고 경기도의 한 작은 아파트를 매수했다. 새로 산 집에서 첫아이도 낳았다.

어느 날 친구들을 집에 초대한 날이었다. 이야기의 주된 화제는 전셋집이었다. 집주인이 전세 보증금을 분명히 올려달라고 할 텐데 걱정이라는 이야기부터 전세 매물이 없어서 어떻게 하면 좋겠느냐는 이야기까지 친구들의 이야기는 끝이 없었다.

"지혜야, 근데 여기는 전세 얼마니?"

집을 장만했다는 사실을 따로 말하지 않았던 터라 친구들은 지혜 씨의 집이 전세인 줄 알았던 것이다.

"여기? 이 집은 대출받아서 샀어."

친구들은 지혜 씨의 말에 깜짝 놀랐다. 신혼을 원룸에서 시작한 지혜 씨가 집을 샀을 줄이야!

"대박! 돈 어떻게 모았어?"

"이야, 대단하다! 너 재테크 잘하나 보다."

돈 모은 비결을 알려달라는 친구들 때문에 그녀는 난감했다.

"남편하고 둘이 같이 번 돈에서 최소 50%는 무조건 저축했어. 그때는 관리비도 없었고 아이도 없었으니 돈 쓸 데가 별로 없잖아. 월세, 식비, 용돈 빼고 악착같이 다 모았어. 집이 좁아서 가구는 못 사고 필요한 가전은 중고로 샀어. 차도 없으니 대형마트 대신에 재래시장에서 소량만 샀지. 주말에는 과외를 하거나 파트타임으로 일해서 돈을 모았어."

지혜 씨의 말에 친구들은 혀를 내둘렀다.

"난 이달도 마이너스야. 마이너스 통장 돈도 부족할 지경이야. 미치겠다."

"근데 아끼고 아껴도 쓰게 되는 돈이 있잖아?"

그러자 지혜 씨는 이렇게 말했다.

"그렇긴 한데, 지금 아니면 돈을 모을 수가 없잖아. 아기 장난감과 아이 옷도 전부 올케랑 시누이한테 물려받았어. 아기 있는 집은 새 물건이 의미가 없더라고. 우리 집은 가구며 가전이며 전부 중고야. 흠집 난 거나 전시 상품 싸게 사서 쓰면 돼."

지혜 씨의 말에 두 친구는 눈을 마주치며 같은 생각을 했을 것이다.

'저렇게 푼돈까지 아껴가며 어떻게 살아? 난 저렇게는 못 살아. 쓸 때는 쓸 거야.'

상담을 하다 보면 젊은 주부들이 대개 푼돈에 연연하기 싫다고 하는 경우가 있다. 물론 그 마음은 이해한다. 천 원 한 장, 만 원 한 장에 연연하는 자신이 '쿨하지' 않아 보일 수도 있다. 하지만 나중에 돈에 휘둘리지 않으려면 지금 천 원, 만 원에 연연해야 한다.

미래에 돈 걱정 없는 삶을 살고자 한다면 수입의 절반은 저축해야 한다. 맞벌이라면 최소 한 사람의 급여는 저축을 해야 한다. 그런데 요즘 씀씀이가 어떤가? 한 달에 얼마를 썼는지도 정확하게 모른다. 카드값 갚기에만 급급한데 저축이 가능할까? 지금이야 돈을 버니까 쓴다고 하더라도 나이 들어서 돈 없는 설움을 겪는다면 비참하고 견디기 힘들 것이다. 거기에 병까지 있어서 아프다면 어쩌겠는가?

돈 없이 사는 것도 습관처럼 익숙해져서 '돈이 없으면 없는 대로 허리띠 졸라매고 살면 되지'라고 생각할 수도 있다. 돈을 계획 없이 쓰는 사람들은 돈이 없다고 아예 안 쓰는 것도 아니다. 남에게 빌려서라도 쓴다.

앞으로 우리에게 어떤 어려움이 닥칠지 모른다. 다치거나 아플 때를 대비해서 보험을 준비하는 것처럼, 경제위기를 대비해서 총지출의 10%를 뚝 떼어서 저축해보자. 오늘 당장부터 시작해야 한다. 적어도 3개월 이상은 버틸 수 있는 우리 집 생활비 말이다.

☑ 자투리 돈으로 목돈을 만든다

월급을 뚝 떼서 절반 이상 저축하는 습관도 중요하지만, 자투리 돈을 모아서 목돈을 만드는 것도 중요하다. 1년 정기예금을 만기까지 넣고 재예치할 때를 생각해보자. 당신은 원금과 이자를 몽땅 맡기는가, 아니면 원금만 맡기는가? 대부분의 사람들이 원금은 맡기고 이자는 가져간다. 공돈이 생겼다고 생각해서 쓰고 싶어서다.

예적금 이자, 펀드 수익, 주식의 배당금은 묘한 데가 있다. 이런 돈은 꼭 어디선가 굴러들어온 공돈 같다. 그래서 자유롭게 써도 되는 돈처럼 느껴진다. 자투리 돈을 쓰고 싶은 욕구를 누르고 '자투리 돈 통장'을 만들어보라. 무심코 지갑을 열 때 하찮은 것 같은 자투리 돈을 더 찾아보자. 자투리 돈은 당장은 하찮아 보여도 긴 시간을 투자하면 큰돈이 된다.

자투리 돈은 생활 습관과 관련이 깊다. 주부들의 경우 집에 있으면 아이들과 간식을 많이 먹게 된다. 홈쇼핑에서 물건을 구경하는 시간도 길어진다. 이럴 때 차라리 아이들을 데리고 도서관을 찾는 것이 어떨까? 책도 무료로 보고 빌릴 수도 있으니, 쓸데 없는 소비도 피할 수 있다.

돈을 모으지 못하는 사람들을 보면 공통점이 있다. 대개 푼돈을 돈으로 여기지 않는다. 나는 예전에 집에서 회사로 출근할 때 처음에는 버스로 다니다가 나중에는 걸어다녔다. 도보로 30분 정도여서 가능한 일이었다. 일찍 일어나서 걸으니 여유도 생기고, 운동 시간을 따로 마련하지 않아도 자연스레 운동을 할 수 있어서 좋았다. 사람들은 이런 나를 보고 대단하다고 말했지만 습관으로 굳어지면 별로 어려운 일이 아니다.

이렇게만 해도 한 달에 10만 원 이상 모을 수 있다는 것을 안 해본 사람은 모른다. 시작조차 안 하고서 못한다고 하지 말고, 오늘 당장 해보라. 되는지 안 되는지는 나중에 두고 볼 일이다. 안 된다고 한들 밑져야 본전 아닐까?

평범한 우리들의
특별한 은행 활용법

부자들이 은행을 떠나지 않는 이유는 무엇일까? 정답은 은행이 다양한 혜택을 제공해서다. 평범한 사람들도 전략만 있으면 얼마든지 은행의 다양한 혜택을 누릴 수 있다.

☑ 은행, 똑똑하게 이용하기

우리는 금융의 기본 중에 기본인 은행을 잘 이용하고 있을까? 하루에도 몇 번씩 은행을 이용하면서도 은행에서 제공하는 혜택들은 잘 알지 못한다.

은행은 다양한 혜택을 제공한다. 입출금 거래 내역을 즉시 알려주는 알람 서비스는 은행에서 신청하면 수수료를 내야 하지만 은행 앱에서는 무료로 이용할 수 있다.

바쁘게 살다 보면 잊어버리고 지나치는 게 많다. 잊어버릴까 봐 걱정될때는 미리 예약이체를 신청하자. 예약이체는 매번 이체 신청을 하지 않고도 예약된 날짜에 자금을 이체해주는 서비스다.

지갑도 안 갖고 나와서 카드나 통장도 없는데 갑자기 돈 쓸 일이 생겨서 당황한 적이 있을 것이다. 그런데 무통장, 무카드 인출서비스를 사전에 설정해놓으면 통장이나 카드가 없어도 ATM에서 예금 인출 및 이체 거래를 할 수 있다.

특히 부동산 거래를 할 때 큰돈을 이체해야 하는 경우가 있다. 큰 금액이 필요할 때는 이체한도 초과증액을 미리 신청해놓으면 이체 당일에 정해놓은 한도보다 많은 금액을 이체할 수 있다. 1일 1회 증액한도는 은행마다 다를 수 있다. 그 외에도 놓치고 있는 서비스는 없는지 확인해보자.

은행에는 여전히 매력적인 부분들이 많다. 주거래 고객이 되면 다양한 금리 혜택을 받을 수 있다. 요즘 같은 저금리 시대에는 안전하면서도 상대적으로 높은 금리를 주는 예적금 상품과 우대금리 대출, 우대환전 서비스 등을 받으면 좋다. 그런데 은행은 고객에게 이 같은 혜택을 먼저 말해주지 않는다. 그것을 알고 요구하는 고객들에게만 혜택을 준다.

왜 그럴까? 일단 은행 직원들은 시간 여유가 없다. 평일 낮에 가도 대기 시간이 긴 이유가 무엇일까? 이용객이 많아서일까? 아니다. 은행마다 인원을 삭감하고 있어서다. 자연히 직원들은 바쁘다. 번호표를 들고 기다리고 있는 사람들 때문에 한 명의 고객과 오래 상담할 수도 없다. 시간이 없으니 그저 고객이 요구하는 대로 해주고 상담을 빨리 끝내는 경우가 다반사다.

그런 상황은 너무나 안타깝다. 은행 직원들이 여유가 있어서 금리를 많이 주는 상품을 권해주고 우대환전 서비스에 대한 조건을 설명해주면 얼마나 좋을까? 실제로 은행의 VIP들은 전담 직원이 있어서 이들에게 상품 소개나 추천 등의 서비스를 받는다. 하지만 전담 직원이 없는 평범한 우리들은 어떻게 해야 할까?

은행에 자주 방문해서 전담 직원을 만드는 것도 한 방법이다. 내가 아는 연희 씨는 은행에서 일하고 있다. 연희 씨의 말에 의하면 은행 직원들도 친절한 손님을 좋아한다고 했다.

"데스크에 제 명함이 있잖아요. 이름을 부르면서 친근하게 다가오는 고객에게 더 싹싹하게 대하게 돼요. 은행에 자주 찾아와서 은행 직원하고 친해지면 좋아요."

자주 거래하는 은행에 가서 나와 잘 통할 것 같고 어쩐지 마음이 끌리는 직원이 있는지 살펴보라. 명함을 달라고 해서 전화번호를 저장하고 자주 통화를 하면 친해지는 것은 시간문제다. 알고 싶은 정보가 있다면 그 직원에게 물어보라.

한 가지 중요한 점은 대화중에 내 정보를 알게 하는 것이다. 결혼은 했는지, 직업은 뭔지, 아이가 몇 명이고 몇 살인지, 교육비로 얼마를 쓰는지 등 시시콜콜한 정보를 주는 것이다. 사교성이 부족하다면 비슷한 또래의 은행 직원과 친해져라. 형편이 비숫한 사람이라면 공감대가 생기기 쉬우므로 터놓고 이야기하면 친해지기가 수월하다.

생각해보면 단순한 논리다. 책을 좋아하는 사람은 서점에 자주 가고, 외모에 관심이 많은 사람은 미용실이나 피부관리실에 자주 간다. 마찬가지로 돈에 관심이 있는 사람은 은행에 수시로 들락거려야 한다.

부자들이 은행을 떠나지 않는 이유는 무엇일까? 은행이 다양한 혜택을 제공하기 때문이다. 실제로 서울의 대표적인 부촌의 은행지점에는 이른 시간부터 은행에 앉아서 경제신문을 읽는 부자들이 많다. 이들은 모르는 정보가 있을 때 은행 직원들에게 물어보는 것을 주저하지 않는다. 평범한 우리들도 전략만 있으면 은행의 다양한 혜택을 얼마든지 누릴 수 있다. 부자가 되고 싶다면 은행부터 자주 가라.

☑ 사소해도 효과 만점! 은행 활용법

은행에 자주 갈 시간도 없고 직원과 친해지기도 힘들다면 은행의 홈페이지를 이용하라. 물건 하나 살 때는 최저가를 검색하고 쇼핑몰 사이트를 한 시간씩이나 머무는데, 은행 홈페이지는 얼마나 이용하는가? 아마 인터넷뱅킹만 잠깐 이용하는 게 전부인

사람들이 많을 것이다.

은행 홈페이지에는 추천 상품, 이벤트 등을 소개하는 공간이 있다. 이곳에서 정보를 얻고 은행을 이용할 일이 있을 때 질문을 하거나 전화 상담을 받아보자. 사전조사 없이 방문할 때보다 훨씬 많은 정보를 얻을 것이다.

나는 일주일에 한 번, 바쁠 때는 2주에 한 번, 이렇게 날짜를 정해놓고 은행의 홈페이지와 블로그 등을 유심히 훑어본다. 그러면서 다양한 정보들을 확인한다.

사소하지만 유용한 은행 활용법도 알아보자. 당신의 주거래 은행은 몇 개인가? 주거래 은행을 두 군데로 이용하면 더 많은 혜택을 받을 수 있다. 한 은행에서는 급여나 적금 계좌 등 굵직한 거래를 하고, 다른 은행에서는 급여 일부를 이체해 공과금을 자동이체하면 두 은행 모두에서 주거래 은행으로 인식해서 중복 혜택을 받을 수 있다.

주거래 은행은 말 그대로 금융거래시 고객이 주로 이용하는 계좌의 은행을 말한다. 주부라면 공과금이 이체되는 계좌, 직장인이라면 급여를 받는 급여통장 계좌, 학생이라면 용돈을 받아 체크카드를 사용하는 계좌가 주거래 은행이다.

부자가 아니어도 VIP 고객이 될 수 있는 방법이 있다. 그것은 바로 은행점수 이용하기다. 은행에서 일정한 거래를 할 때마다 신용등급과 무관한 은행 점수가 쌓인다. 은행마다 기준은 다르지만 일정 점수를 충족하면 VIP가 될 수 있다.

VIP 등급에도 여러 단계가 있으므로 꼭 돈이 많지 않더라도 점수를 쌓을 수 있다. 신용카드를 개설하거나 소액의 금융상품을 2~3개 가입하는 방법을 써보자. 가장 낮은 등급이더라도 VIP가 될 수 있다. 부모가 VIP 고객이라면, 자녀는 가족관계증명서만 제출하면 VIP가 될 수 있다.

주부들 중에 은행 VIP가 되어서 VIP실에서 대접을 받아보는 게 소원이라고 말하는 이들이 있다. 그만큼 은행 VIP는 주부들의 로망이기도 하다.

'VIP'라는 단어가 럭셔리한 이미지만 주는 것은 아니다. 전문적이고 체계적인 자산 관리를 받을 수 있고, 은행 대여 금고도 무료로 사용할 수 있다. 가장 낮은 VIP 등급이더라도 일단 될 수 있으면 되고 보는 게 맞다.

투자는 선택이 아닌 필수다

물가상승은 마치 중력처럼 자산의 가치를 아래로 끌어내린다. 그렇기 때문에 물가를 배제하고 돈의 가치를 이야기할 수는 없다.

☑ 돈 1천만 원의 가치

경제가 침체되면 소비가 줄어들어서 물가상승 요인이 줄어든다. 그런데 최근에는 경제활동이 침체되고 있음에도 장바구니 물가는 급등하는 비정상적인 현상이 나타나고 있다.

　물가상승은 마치 중력처럼 자산의 가치를 아래로 끌어내린다. 그렇기 때문에 물가를 배제하고 돈의 가치를 이야기할 수는 없다. 현재의 1천만 원의 가치가 10년이 지나도 그대로일까? 그렇지 않다. 물가상승률에 의해 1천만 원의 가치는 10년이 지나면 상당히 떨어지고 만다.

저성장 시대를 맞으면서 물가상승률과 금리는 낮아졌고, 투자의 기대수익률마저 낮아졌다. 그래서 지금처럼 저성장·저금리 시대에 인플레이션 헤지(Inflation hedge, 화폐가치 하락에 따르는 손실을 막기 위해 부동산·귀금속·주식 등을 사는 일), 즉 화폐가치 하락에 따른 방안으로 투자는 선택이 아닌 필수가 되었다.

그리스 신화에 이런 이야기가 있다. 유명한 발명가였던 이카루스의 아버지가 왕의 노여움을 샀다. 미로에 갇힌 이카루스는 깃털과 밀랍으로 만든 날개를 달고서 탈출할 계획을 세운다.

"태양에 너무 가까이 가지 말거라. 그렇다고 너무 바다 가까이 날아서도 안 된다."

이카루스의 아버지는 아들이 걱정되어서 신신당부했다. 태양에 너무 가까이 다가가면 밀랍이 녹아서 날개가 망가질 테고, 바다 가까이에서 날면 날개가 바닷물을 머금어서 추락할 수 있기 때문이었다. 하지만 하늘을 날게 된 이카루스는 황홀감에 빠져서 아버지의 충고를 잊어버린다. 점점 더 높이 날다가 밀랍이 태양에 녹아서 추락해 죽는다.

저성장 시대에는 너무 낮게 날아서 안정성만 추구하거나 너무 높이 날아서 수익만 좇는 태도가 아주 위험할 수 있다. 이 시기에 나만의 특별한 전략이 있어야 뜨거운 태양에 녹아서 추락하지 않고 살아남을 수 있다.

2008년 글로벌 금융위기 이후 저성장·저물가·저금리의

'3저'가 겹친 뉴 노멀(New normal) 시대를 지나서 코로나19라는 최악의 터널을 지나는 2020년을 초불확실성의 뉴 애브노멀(New abnormal) 시대라고 한다. 이는 시장의 변동성이 일시적인 현상으로 끝나지 않아 불확실성이 매우 커진 상황을 일컫는다.

아무것도 예상할 수 없고 확실하지도 않은 새로운 경제 패러다임이 시작되고 있는 시대에 나만의 특별한 자산관리 전략이 있어야만 뜨거운 태양에 녹아서 추락하지 않고 살아남을 수 있다. 불확실한 시대에는 고수익을 기대하며 큰 위험을 감수하는 투자보다 위험성이 낮고 절세 효과가 있는 금융상품을 활용하는 것이 현명한 투자 방법이다.

☑ 뉴 애브노멀 시대의 투자요령

◆ 세테크 = 비과세

우리는 살면서는 국세, 지방세 등 다양한 세금들을 내야 하고, 죽어서는 상속세를 내야 한다. 세금 구조는 누진세 방식이어서 소득이 높으면 높을수록 세금을 많이 낸다. 많이 벌면 번 만큼 세금을 내야 하지만 왠지 아까운 게 세금이다. 합법적으로 세금을 줄일 수 있는 방법은 없을까? 소득이나 재산을 분산해서 세금을 줄일 수도 있지만, 세금을 한 푼도 안 내도 되는 비과세도 있다.

변액보험은 비과세를 적용받을 수 있다. 변액보험을 10년 이상 유지하면 비과세 혜택(이자소득 15.4%)이 주어진다. 특히 경제 상황에 따라 국내·해외 주식, 국내·해외 채권, 해외 부동산 등 다양한 투자를 할 수 있다.

◆ 환테크 = 환차익

달러와 금은 대표적인 안전자산이다. 투자 방법으로는 은행에서 외화로 환전을 해서 보유하거나 달러예금, 달러보험, 달러와 금 ETF나 펀드 등의 투자가 가능하다.

환테크는 단기적인 목적보다는 장기적인 측면에서 환율변동 리스크를 충분히 숙지해야 한다. 분할매도를 통해 리스크를 최소화하는 것도 한 방법이다.

◆ 빚테크 = 상환플랜

빚은 주택담보대출, 자동차 할부, 마이너스 통장 등 종류가 많다. 부채라고 모두 똑같은 빚이 아니다. 재산 형성을 위한 주택담보대출은 이로운 빚이지만, 자동차를 구입하기 위한 할부금이나 소비를 위한 빚, 특히 빚을 갚기 위한 빚은 상당히 해로운 빚이다.

빚의 종류와 성격을 구분한 뒤 이자가 가장 높은 것부터 갚아서 금융 비용 부담을 줄여야 한다. 이것이 곧 재테크의 시작이다.

내가 사면 떨어지는 펀드의 비밀

수익률이 오르면 오를수록 탐욕이 커지고, 수익률이 떨어지면 떨어질수록 공포가 커진다.
탐욕과 공포라는 감정 때문에 결국은 오를 때 팔지 못하고 떨어질 때 팔고 만다.

☑ 왜 나는 펀드 투자로 돈을 벌기 힘들까?

같은 학교에 다니는 아이들 때문에 친해진 수아 엄마와 정환 엄마는 3년 전에 월 20만 원씩 납입하는 적립식 펀드에 가입했다. 수아 엄마가 가입한 데는 이유가 있었다.

"엄마, 저 미국으로 어학연수 가고 싶어요."

아이의 굳은 의지가 담긴 간절한 눈빛을 바라보니 부모의 마음은 흔들릴 수밖에 없었다. 이 세상을 통틀어서 오직 엄마만 믿고 있다고 강렬한 메시지를 보내는 아이의 눈빛! 수아 엄마는 곧장 결심했다.

"그래, 엄마가 까짓것 어학연수 못 보내주겠니? 지금부터 열심히 모아보자!"

수아와 약속을 하고는 평소 알고 지내던 재무상담사를 만나 상담을 했다. 그러고는 본인 성향에 맞는 펀드를 선택해서 차근차근 돈을 모았다. 수아 엄마는 딸이 좋아하고 원하는 것을 해줄 수 있다고 생각하니 행복감마저 들었다.

시간이 지나 드디어 펀드 만기가 되었다. 수아 엄마가 가입한 펀드는 15% 수익이 났다. 그래서 딸은 겨울방학 때 미국으로 어학연수를 갈 수 있었다. 사랑하는 딸이 원하는 것을 해줄 수 있어서 수아 엄마는 무척이나 행복했다.

정환 엄마는 아이 친구 엄마들과 점심을 먹으면서 나누었던 이야기가 자꾸 귓전을 맴돌았다. 요즘은 은행금리가 낮아서 저축의 의미도 없는데, 본인들이 했던 펀드는 수익률이 좋다는 이야기였다.

'다들 펀드 하나쯤 들고 있다는데 나도 하나 할까? 어떻게 하는지도 모르겠는데 고민이네.'

정환 엄마는 은행에 가보기로 했다. 정환 엄마와 상담을 하는 은행 직원은 대뜸 이렇게 말했다.

"고객님, 요즘은 은행금리가 낮으니 투자 한번 해보세요."

은행 직원의 권유에 정환 엄마도 수아 엄마처럼 펀드에 월 20만 원씩 불입하기로 했다. 차곡차곡 모으다보니 만기 시점에는 기대한 것보다 수익률이 좋았다. 그러자 정환 엄마는 이런 생각을 했다.

'투자가 별것 아니구나. 이게 되네? 아, 조금만 더 해볼까?'

정환 엄마는 저축 금액을 월 40만 원으로 늘렸다. 목돈도 일부 더 넣었다. 그런데 투자란 늘 리스크가 존재하므로 수익률이 늘 좋을 수는 없다. 갖고 있는 펀드가 조금 더 오르는가 싶더니 국내외적으로 경제 이슈가 생기면서 수익률이 하락했다. 그녀는 초조하고 불안해지기 시작했다. 어느 순간부터 수익률이 마이너스가 되고 있었다.

'큰일 났네. 남편이 알면 안 되는데! 다시 원금만 돼라. 원금만 회복되면 바로 찾을 테니까, 제발 원금만!'

안타깝게도 정환 엄마의 바람은 이루어지지 않았다. 속이 새까맣게 타들어 가는데 수익률은 계속 떨어졌고, 결국 남편에게 이실직고했다. 눈물을 머금고 마이너스가 난 펀드를 해지하면서 앞으로 절대 펀드에 가입하지 않겠다며 굳게 다짐했다.

이후 그녀는 주변 사람들에게 투자는 절대 할 것이 아니고, 적금이 제일 속 편한 거라고 말했다. 직접 해봐서 다 안다며 목에 핏대를 세울 정도였다.

똑같은 상품에 똑같이 20만 원씩 투자했는데 왜 한 사람은 성공하고 한 사람은 실패했을까? 사람들은 대개 투자 실패의 원인을 나쁜 종목에 투자해서 나쁜 시장에 들어갔기 때문이라고 생각한다. 그런데 사실은 그렇지 않다. 실패의 원인은 시장이나 상품에 있는 것이 아니라 투자하는 사람에게 있다.

☑ 투자 초보자가 명심해야 할 것들

그렇다고 무작정 증권사를 찾아가서 투자를 할 수도 없다. 본격적으로 투자를 시작하기 전에 나만의 투자 원칙이 있어야 한다. 투자 초보자가 반드시 기억해야 할 투자 원칙은 다음과 같다.

첫째, 자신의 투자성향을 잘 알아야 한다. 본인의 투자성향은 안정적인데 공격적인 투자를 하면 수익률이 하락했을 때 심리적으로 불안해진다. 그러면 손해를 보고 환매할 가능성이 커진다.

둘째, 투자목적이 명확해야 하고, 투자기간은 시간적으로 여유가 있는 돈으로 투자를 해야 한다. 하락장에서 버틸 수 있는 시간적인 여유가 있다면 굳이 환매하지 않고도 주식시장이 좋아졌을 때 수익률이 단번에 회복될 수도 있어서다. 따라서 투자에는 시간적인 여유가 필요하다.

셋째, 원하는 기대수익률을 정해야 한다. 목표하는 기대수익률을 정해놓지 않으면 상승기에 '조금 더 오르지 않을까' 하는 기대로 이익을 실현할 수 있는 기회를 허망하게 놓칠 수 있다.

☑ 투자 실패에 이르는 진짜 원인

탐욕과 공포는 인간이라면 누구나 가지고 있는 강렬한 감정이다. 나쁜 시장에 들어갔거나 나쁜 종목을 사서 실패한 게 아니라 감정 때문에 실패한 것이다. 수익률이 오를수록 탐욕은 커지고, 수익률이 떨어질수록 공포는 커진다. 탐욕과 공포의 감정 때문에 오를 때는 팔지 못하고 떨어질 때는 팔고 만다. 머리로는 어떻게 투자해야 하는지 다 아는데 결국 감정에 따른다. 한마디로 인간인 이상 어쩔 수 없이 실패할 수밖에 없는 구조다.

그런데 왜 정환 엄마만 실패했을까? 수아 엄마에게는 정환 엄마에게 없는 것이 있었다. 그것은 바로 '목표'다. 수아 엄마의 목표는 자녀가 원하는 어학연수 비용을 마련하는 것이어서 '내일 주가가 1% 더 올라갈 텐데 팔지 말까?'라는 생각을 하지 않았다. 오로지 딸이 원하는 어학연수를 보내주겠다는 그 목표만 생각하고 미련 없이 팔았다. 그런데 정환 엄마는 구체적인 목표 없이 막연히 수익률만 좇았기 때문에 실패했던 것이다.

투자를 어떻게 하든 투자의 목적과 계획을 구체적으로 정해야 한다. 이것이 투자의 원칙이다. 계획이 없는 사람들 중 첫 번째 부류는 저축을 하지 않는다. 소비를 할 때도 '기분파'라서 여기저기 돈도 잘 쓰고 밥도 잘 산다. 돈이 떨어지면 빌리러 다니고, 한번 빌려간 돈은 좀처럼 갚지 않는다.

두 번째 부류는 저축을 하긴 하는데 만기까지 가는 일이 거의 없다. 상품을 가입할 때부터 중도 인출, 수시 환매 가능, 수시 입출금 가능과 같은 조건이 붙은 상품을 좋아한다. 만기를 채우지 못할 것을 알기 때문에 이런 조건이 붙어야 마음이 편안해서다.

만약에 투자기관에서 금융상품을 구입하는데 판매인이 "납입금은 언제든지 뺄 수 있습니다. 환불은 언제든지 가능하니까 마음 편하게 하세요"라는 말을 했다고 가정해보자. 이런 말을 들으니 안심이 되는가? 그래서 상품에 덜컥 가입한다면 판매인한테 실적만 올려주는 꼴이다. 나에게는 아무런 보탬이 되지 않는다.

5년 후에 돈을 인출할 생각이라면 왜 굳이 10년 만기 상품에 가입하려 하는가? 처음부터 5년 만기 상품에 가입하면 그만이다. 이런 사람들은 금융사의 배만 불려주고 자기는 점점 더 가난해지는 것은 아닌지 곰곰이 생각해봐야 한다.

마지막 부류는 만기까지 완주는 하는데 만기된 금액을 재투자하지 못하는 사람들이다. 3년간 열심히 납입한 상품이 다음 달에 만기다. 갑자기 집에 있는 살림들이 마음에 들지 않는다. 남편은 옆에서 은근슬쩍 차를 바꾸고 싶다고 한다. 차를 바꾸지 말라는 말이 아니다. 처음부터 그 목적으로 모은 돈이라면 사는 게 맞다. 단지 그게 아니라 돈이 모였다는 이유만으로 불필요하게 지출하지 말라는 이야기다.

나도 투자로
돈 벌 수 있을까?

초저금리를 돌파하기 위해서는 펀드에 도전해야 한다. 특히 투자자 입장에서는 원금보장만 추구해서는 견디기 힘들다. 조금 더 나은 상품을 찾기 위해서는 공부와 조사가 필수다.

☑ 투자를 함부로 판단하지 마라

"원금손실 없이 수익만 내는 그런 펀드 없나요?"

일반적으로 사람들이 원하는 금융상품은 수익률이 높으면서 원금보장이 되는 상품이다. 거기다가 납입기간은 짧으면서 돈도 자유롭게 빼 쓸 수 있는 유동성까지 장착한 상품을 찾는다. 그런데 안타깝게도 세상에는 그런 금융상품이 없다. 수익률이 높으면 그만큼 위험성이 따르고, 원금이 보장된다면 그만큼 수익률이 확률적으로 낮다.

투자에는 반드시 원금손실의 위험성이 있다는 사실을 인지해야 한다. 그 위험성은 결국 투자자의 책임이기 때문이다. 투자는 하고 싶은데 원금손실이 불안한가? 아니면 투자에 대해 안 좋은 기억 때문에 투자가 꺼려지는가? 그것도 아니라면 투자를 잘 몰라서 선뜻 시작하기가 두려운가? 그렇다면 투자 공부를 적극적으로 하기를 권한다. 왜냐하면 투자야말로 저금리 시장을 이기는 유일한 방법이기 때문이다.

누구나 '투자란 일정한 원칙과 룰을 잘 지키면 성공한다'는 사실을 알 것이다. 투자에는 변수가 있다. 그러다 보니 원칙 없이 투자를 하면 감정이 이성을 앞선다.

투자 시장에는 탐욕과 공포가 함께 존재한다. 가격이 오르면 더 사고 싶은 욕심이 생겨서 더 사고, 가격이 떨어지면 불안해하다가 공포에 질려서 팔고 만다.

돈을 벌기 위한 투자는 쌀 때 사서 비쌀 때 파는 게 당연한 이치다. 그럼에도 대부분의 투자자들은 주가가 오르면 욕심이 생겨서 더 사려고 하고, 주가가 떨어지면 불안해서 더 안 산다. 이런 식의 투자 방법은 결과적으로 실패할 확률만 높인다. 투자는 철저하게 이성의 싸움이다.

투자에는 몇 가지 원칙들이 적용된다. 첫째, 투자의 시점이다. 전문가들도 투자의 시점을 많이 예측하지만 사실 통계적으로 맞는 경우는 별로 없다. 투자를 시작하는 시점과 종료하는 시점은 언제가 좋을까? 그건 바로 당신이 투자를 해야겠다고 마음먹은 '오늘'이다.

오늘부터 투자를 시작하려고 마음을 먹었는데 갑자기 내일 주가가 오른다고 가정해보자. '어제 살 걸. 그래 좀더 기다려보자!'라고 생각할 것이다. 반대로 오늘 안 샀는데 내일 주가가 떨어졌다면 과연 살까? 아니다. '그럼 그렇지. 불안한데 좀더 기다려보자'라고 생각할 것이다.

주가가 떨어졌을 때 주식에 투자를 시작할 사람이 몇이나 될까? 결과적으로 투자를 시작하는 시점은 생각한 그날이지만, 그것보다 더 중요한 것은 '언제 파는가?'이다.

투자를 종료하는 2가지 원칙은 다음과 같다. 첫째, 내가 목표한 수익률을 달성했을 때이다. 둘째, 내가 설정한 손실을 감당할 수 있는 한계점에 도달했을 때이다.

수익률 10%를 목표로 했다면 무조건 수익률 10%에 종료하는 것이고, -10%일 때 종료하기로 원칙을 세웠으면 그때가 되었을 때 무조건 종료한다. 당장은 손해처럼 보이지만, 이것이 곧 투자 성공을 부르는 비결이다.

이성적으로 판단하기가 어렵다면 정해진 수익과 손실이 되면 팔아주는 로보 어드바이저(Robo-advisor, 로봇 'robot'과 투자전문가 'advisor'의 합성어)를 이용해보는 것도 좋은 방법이다. 조금이나마 감성적인 판단을 줄일 수 있다.

투자는 로보 어드바이저나 이성적인 판단을 기반으로 하는 것이 훨씬 더 룰을 잘 지키는 투자가 될 것이다. 처음에 목표한 수익률을 뛰어넘어 수익률이 2배가 되었다면 동네 잔치를 벌이고 싶겠지만, 결코 대놓고 좋아할 일은 아니라는 것이다. 오히려 투자를 종료해야 한다는 의미다. 왜냐하면 투자는 수익과 위험이 함께 가기 때문이다.

10%의 수익률을 낼 수 있다는 것은 반대로 시장이 안 좋아지면 10% 손해를 볼 가능성이 있다는 뜻이기도 하다. 결과적으로 원칙을 지키지 않은 것이기 때문에 빨리 종료하는 것이 투자자를 보호하는 길이다.

☑ 초보에게 꼭 필요한 분산투자 노하우

영주 씨는 매달 10개가 넘는 펀드에 투자하고 있다. 그녀는 은행의 저축만으로는 목돈을 모을 수 없다고 생각해서 투자 공부를 틈틈이 해왔다. 당장 필요하지 않은 적은 금액으로 펀드를 차곡차곡 사 모으기 시작했다.

몇 년간에 걸쳐서 가입한 펀드에는 각각의 이름표가 붙어 있다. 짧게는 3년에서 길게는 10년 안에 이룰 영주 씨의 미래 계획과 꿈을 위한 자금들이다. 영주 씨가 보유하고 있는 펀드들은 여러 종목에 분산투자가 되고 있다.

분산투자를 하기 위한 2가지 방법이 있다. 첫째, 투자 시작부터 한꺼번에 사는 것이 아니라 순차적으로 구입해서 시간을 분산한다. 둘째, 투자 금액을 종목별·대상별·지역별로 분산해서 위험에 대비한다.

우리나라는 제조업 중심의 수출 의존 국가다. 제조업과 수출 무역으로 눈부신 경제적 성장을 이루었다. 그런데 이제는 제조업의 쇠퇴와 함께 향후 10여 년간 성장정체기를 겪을 가능성이 높아졌다. 또한 소수 시장에 집중되면서 위험 노출이 많기 때문에 국내시장보다는 해외시장에 투자를 하는 센스가 필요하다. 국내와 해외 종목을 함께 보유함으로써 투자 금액을 분산하는 것도 효율적인 위험관리 방법이다.

또한 보유하고 있는 자산을 분산할 필요가 있다. 우리나라는 부동산 보유 비중이 80%가 넘는다. 전 세계적으로 그 유례를 찾아볼 수 없을 정도로 비중이 높다. 이렇게 부동산에 집중되어 있으면 부동산 상승기에는 자산이 상승할 효과가 있지만, 부동산 수요가 하락할 위험이 닥치면 자칫 위기로 이어질 수 있다.

우리나라 부동산 시장은 20~30년간 계속 상승만 해왔다. 때문에 많은 전문가들은 이제 부동산이 상승할 가능성보다는 하락할 가능성을 더 이야기하고 있다. 선진국들의 상황을 보면 부동산 자산 비중이 30~40% 이내다. 우리도 이제 부동산 자산을 금융자산으로 이동시키거나 분산시킬 필요가 있다.

또 하나 중요한 것은 생애재무목표에 따라 분산저축하는 것이다. 개인마다 이루고자 하는 목표는 다양하다. 그런데 한 가지 목표만을 설정하고 저축하면 나머지 목표는 포기할 가능성이 있다.

자녀교육에 전념하다가 40~50대가 되었는데도 집 한 채 마련하지 못하는 사람들이 부지기수다. 반대로 내집은 마련했지만 노후를 준비하지 못해서 결국 집을 팔고 노후를 보내야 하는 상황이 생기기도 한다. 노후준비는 했지만 애써 모은 자산을 자녀에게 다 뺏기는 경우도 있다. 언제 어디서 나타날지 모르는 인생의 리스크들을 최소한으로 줄이는 것이 바로 분산투자다.

부동산 황금기는 끝났다고 하는데 정말일까? 내집 마련은 꼭 해야 하는 걸까? 부동산으로 자산을 증식하는 방법은 없을까? 빌딩부자, 건물주가 남의 이야기 같지만 누구나 한 번쯤 꿈꾼다. 6일차에는 우리나라의 부동산 흐름과 위험부담 없이 접근할 수 있는 부동산투자에 대해서 알아본다. 빚은 없어야 하는 것이 상책이라지만 현실적으로 빚을 피할 수 없다면 이를 똑똑하게 활용해야 한다. 빚을 현명하게 이용하는 부동산투자 방법을 알려준다.

재테크 고수 도전

6일차

슬기로운 부동산투자
전략을 짜라

내집 마련을 위한 지름길

더욱 꼼꼼하고 치밀하게 계획을 세우고 실천을 해야 내집을 마련할 수 있다. 그러기 위해서는 청약 조건 1순위로 만드는 노력이 필요하다. 청약 조건을 잘 만들면 내집을 마련할 수 있다.

☑ 요리조리 수시로 바뀌는 부동산 정책

교육 정책과 부동산 정책은 정권에 따라 수시로 바뀐다. 그래서 엄마들의 스트레스가 이만저만 아니다. 특히 부동산 정책에 따라 집값이 널뛰기를 한다. 집 한 채를 사려면 돈이 얼마나 있어야 할까? 평생 월급 한 푼도 안 쓰고 모으면 살 수 있을까?

내집 마련은 여간 쉬운 일이 아니다. 집이란 존재는 전체의 자산 중에서 가장 큰 비중을 차지한다. 그래서 가장 부담이 되기도 한다. '빨리 돈 모아서 집 장만해야지'라고 마음먹어도 그게 생각처럼 쉽지는 않다.

더군다나 부동산 정책은 수시로 바뀐다. 부동산 전문가조차도 공부를 안 하면 모르는 게 부동산 정책이다. 그럼에도 그 속에는 분명 내집을 마련할 수 있는 중요한 열쇠가 들어 있다. 더욱 꼼꼼하고 치밀하게 계획을 세우고 실천해야 한다.

이를 위해서는 청약 조건을 1순위로 만드려는 노력이 필요하다. 청약 조건을 잘 만들면 내집을 마련할 수 있다.

☑ 차별화된 부동산 전략이 필요한 시기

최근 부동산 시장에서 주택을 구입하고자 할 때는 철저하게 '거주' 개념으로 접근해야 한다. 주택담보대출 규제, 분양권 전매제한 등 정부에서는 갈수록 가수요를 잡겠다는 의지를 보이고 있다.

이러한 상황에서 본인의 재무상황을 고려하지 않고 분양권으로 차익을 보겠다는 단순한 발상을 했다가는 분양권 전매시장이 얼어붙는 상황이 벌어지면 중도금, 잔금, 취득세까지 내야 하는 상황이 벌어질 수 있다. 따라서 현 상황에서 집을 구매하려는 실수요자들은 분양가 상한제 규제를 받는 공공주택 분양 전략을 선택하는 것이 안전하다.

부동산투자는 경험에만 의지해서 결정하면 위험하다. 줄어드는 인구와 1~2인 가구의 증가, 소득의 양극화 흐름, 부동산 정책의 변화, 상승 가능성이 높은 금리 등 변수가 가득하기 때문이다. 분명한 것은 본인이 감당할 수 있는 범위 내에서 실거주 매입이든 투자든 이루어져야 한다는 것이다.

아무리 좋은 입지의 아파트라도 대출금 비중이 과도하게 높으면 날카로운 부메랑이 되어 돌아올 수 있다. 금리 인상 등 외부 변수에 어느 정도 버틸 수 있을지 냉정하게 따진 뒤에 매수하거나 청약을 고민하는 게 순서다. 예전처럼 로또를 바라고 청약에 뛰어드는 건 무모한 행동이다.

일본은 1995년에 부동산 버블이 붕괴되기 시작했다. 이때는 일본의 15~64세 인구, 즉 생산가능인구가 줄어드는 시점이었다. 이 시기부터 일본의 부동산은 거품이 크게 빠지면서 지역적으로 차별화가 시작되었다. 한국은 2016년이 생산가능인구의 정점이었으며, 2017년부터 생산가능인구가 급격히 줄기 시작했다. 우리는 1995년을 기점으로 부동산 자산 가격의 절반이 날아간 일본의 상황을 반면교사로 삼아야 할 것이다.

재테크에 관심이 많은 주부 정희 씨는 과감하게 아파트 거주를 포기했다. 그녀는 돈을 모으고 부자가 되고 싶다는 목표를 빨리 달성하고 싶었다.

"하루라도 빨리 내집 마련을 하고 재테크로 돈을 모으고 싶어요. 충분히 아파트에서 살 수도 있지만, 지금 편하게 사는 게 전부가 아닌 것 같아요."

정희 씨가 알아본 32평 아파트는 관리비가 20만 원 전후였다. 이 돈 때문에 정희 씨는 아파트에 대한 흥미를 잃었다. 전세로 아파트를 얻더라도 관리비를 생각하면 월세에 사는 것이나 다름없기 때문이었다. 게다가 2년 뒤면 집주인이 보증금을 올려달라고 할 것이었다. 그 돈을 감당하지 못해서 대출을 받으면 또다시 빚이 생기고, 그래서는 언제 내집 마련을 하겠냐는 생각이었다. 그래서 그녀는 아파트를 포기하고 일반 주택에서 신혼을 시작했다.

　나는 정희 씨의 결정이 참으로 대견했다. 아파트에 사는 사람들은 일반 주택이 불편할 것이라고 생각하는 편이다. 게다가 우리나라 사람들은 아파트를 정말 좋아한다. 그런데 생각을 조금만 바꾸면 일반 주택의 장점이 눈에 띈다. 특히 어린아이가 있는 집이라면 아이들이 뛰어놀기에 그만이다. 이웃 간에 얼굴을 붉히는 층간소음도 없다. 무엇보다 관리비가 들지 않아서 아파트에 사는 것보다 생활비가 훨씬 적게 든다.

　부동산투자의 가장 중요한 기준은 소신이다. 남들과 비교하는 순간 불행해진다. 남들의 '이렇더라, 저렇더라' 하는 말에 휘둘리지 말고 지금의 내 상황, 내 형편에 맞는 철칙을 가지자.

　부동산 전문가들은 최대한 현재 시장에 맞는 투자전략을 가지라고 조언한다. 우선 저금리가 지속되는 현재의 상황을 최대한 활용할 필요가 있다. 금리가 낮기 때문에 그 나름의 장점이 있다. 대출에 따른 이자 부담은 조금 덜게 된 것이다. 부동산 수요가 줄었고 시장가격도 하락했기 때문에 좋은 물건을 유리한 조건에 투자할 절호의 기회가 될 수도 있다.

☑ 평생 기회는 단 한 번뿐, 주택 특별공급

높아지는 집값과 청약에 넣어봤자 당첨되기도 어렵다며 청약을 애초에 포기하는 사람들이 많다. 그런데 사회적으로 배려가 필요한 계층을 위한 '주택 특별공급'은 무주택자가 일반공급과의 청약 경쟁 없이 주택을 마련할 수 있는 좋은 제도이다.

대상자에 따라 신혼부부, 다자녀가구, 노부모부양, 생애최초 주택구입, 기관 추천 등이 있다. 평생에 단 한 번 있는 특별공급으로 내집 마련의 기회를 잡아보자.

◆ 신혼부부 특별공급

젊은 층을 위한 신혼부부 특별공급은 혼인 기간이 7년 미만으로 무주택 세대 구성원이면 된다. 청약통장은 필수다. 국민주택은 한부모가정과 예비 신혼부부도 자격이 되면 청약이 가능하다.

가구소득은 국민주택과 민영주택의 기준이 다르다. 국민주택의 경우 세대 기준 월평균 소득이 외벌이는 전년도 도시근로자

가구당 월평균 소득의 100% 이하여야 한다. 맞벌이라면 120% 이하여야 한다.

민영주택의 경우 외벌이라면 120% 이하, 맞벌이라면 130% 이하여야 청약이 가능하다. 신혼부부 특별공급의 당첨 확률을 높이려면 1순위가 되어야 한다. 미성년 자녀 수는 3명 이상, 해당 주택 건설지역에 거주 기간 3년 이상, 혼인 기간 3년 이하, 청약저축 납입횟수 24회 이상이면 최고점을 받을 수 있다.

국민주택의 경우 배점 기준표를 적용해 산정한 점수가 높은 순으로 입주자를 선정한다. 단, 전용 기준 85m² 이하의 분양주택만 신청이 가능하며, 투기과열 지구는 분양가 9억 원을 초과하는 주택은 특별공급 대상에서 제외된다.

◆ 다자녀가구 특별공급

미성년 자녀 3명 이상을 둔 무주택 세대 구성원이라면 다자녀가구 특별공급 청약이 가능하다. 자녀 3명에는 태아와 입양 자녀도 포함된다. 무주택 세대 구성원으로 청약통장은 필수다. 가구소득은 국민주택의 경우 월평균 소득이 전년도 도시근로자 가구당 월평균 소득의 120% 이하다. 다만 민영주택은 소득과 자산 기준이 따로 없다.

소득과 자산 수준이 높다면 민영주택의 다자녀 특별공급에 도전해보는 것도 한 전략이다. 해당 지역의 거주자이면서 자녀가 많을수록 당첨에 유리하다.

배점 기준표에 따라 점수가 높은 순으로 당첨자를 선정하므로 미성년 자녀 수, 영유아 자녀 수, 세대 구성원이 많을수록 점수가 높다. 무주택 기간과 해당 지역 거주 기간, 입주자저축 가입 기간은 길수록 높은 점수를 받을 수 있어 당첨 확률이 높다.

◆ 노부모부양 특별공급

만 65세 이상 직계존속(배우자의 직계존속도 포함 가능)과 3년 이상 함께 거주한 경우에 특별공급 대상이 된다. 소득과 자산은 다자녀가구 특별공급과 기준이 동일하다.

공급물량은 국민주택은 5%, 민영주택은 3%로 적은편이다. 노부모부양 특별공급 선정은 국민주택은 순차제이며, 민영주택은 가점제 방식이다.

국민주택 중에서 전용면적 40m² 초과 주택은 무주택 기간이 3년 이상이며 저축총액이 많은 경우가 1순위, 납입횟수가 많은 경우에는 2순위다. 전용면적 40m² 이하의 경우 무주택 기간은 해당되지 않고 1순위는 저축총액, 2순위는 납입횟수가 많은 경우다.

민영주택은 무주택 기간과 청약통장 가입 기간이 길수록, 부양가족 수가 많을수록 점수가 높아진다. 따라서 당첨 확률이 높은 쪽으로 청약을 해보는 것이 중요하다.

◆ 생애최초 주택구입 특별공급

세대원 모두가 과거에 주택을 소유한 사실이 없어야 하고 국민주택만 가능하다. 국토교통부 또는 지자체, LH 및 지방공사가 직접 건설했거나 주택도시기금에서 지원을 받아서 건설 또는 개량하는 주택 중에 전용면적 85m² 이하의 국민주택이 해당된다. 수도권과 도시 지역 외에 읍 또는 면은 100m²이다.

그리고 일반공급 1순위에 해당하는 3가지 조건을 충족해야 한다. 첫째, 무주택 세대의 세대주 또는 세대원으로서 청약 저축액이 600만 원 이상이어야 한다. 둘째, 혼인중이거나 자녀가 있어야 한다. 셋째, 근로자 또는 자영업자로서 입주자 모집 공고일 기준으로 5년 이상의 소득세 납부 사실이 확인되어야 한다. 해당 세대 월평균 소득이 전년도 도시근로자 월평균 소득의 100% 이하여야 한다.

다른 특별공급보다 조건이 좀 까다롭기는 하지만, 생애최초 주택구입 특별공급과 신혼부부 특별공급 등 자격조건이 모두 해당된다면 '청약홈(www.applyhome.co.kr)'에서 더 낮은 청약경쟁률을 조회해보고 신청하면 당첨 확률을 높일 수 있다.

다만 경쟁이 있을 경우 추첨으로 한다. 특별공급은 일반 청약자들과 경쟁하는 과정을 거치지 않고 주택을 마련할 수 있는 평생에 딱 한 번 있는 좋은 기회다. 특별공급 대상이 된다면 적극적으로 활용해보자.

☑ 내집 마련을 앞당기는 주택청약과 청약가점제

현재 부동산 정책은 기존의 추첨제 대신에 가점제를 채택해서 무주택자에게 굉장히 유리한 상황이다. 60점 이상의 가점이 높은 무주택자에게는 지금이 내집을 마련할 수 있는 좋은 기회다.

가점이 낮더라도 실망할 필요는 없다. 서울과 가까운 비조정 대상 지역 분양가, 주변 인프라, 교통 노선 계획 등을 잘 살펴보자. 개발 가능성이 높은 비조정대상 지역에 투자하면 좋은 선택이 될 수도 있다.

이제부터 청약가점을 계산하는 방법에 대해 알아보자. 청약가점제는 무주택 기간(최고 32점), 청약통장 가입 기간(최고 17점), 부양가족 수(최고 35점)에 따라 가점을 산정해 점수가 높은 순으로 청약 당첨자를 가려내는 방식으로 84점이 만점이다.

무주택 산정 기준은 만 30세 이후부터 무주택 기간으로 인정된다. 30세 이전에 혼인신고를 한 경우는 혼인 신고일로부터 무주택 기간으로 포함되며, 30세 이후라도 세대주 또는 혼인신고가 되어야 한다.

청약통장 가입 기간의 경우 1점에서 1년씩 늘어날 때마다 1점이 가산된다. 최고 15년 이상이면 17점의 최고점을 받는다.

부양가족 수 산정 기준은 기본 5점에서 자녀 한 명당 5점씩 늘어난다. 최고 6명 이상인 경우 35점의 최고점을 받는다. 점수를 높이기가 가장 힘든 항목이기도 하다. 부모님을 모실 경우에는 배우자의 부모님까지 부양가족 수에 포함된다.

청약점수가 최소 40~50점은 넘어야 가점제 당첨 확률이 높아진다. 청약가점제 1차 목표는 50점이다. 50점이 되려면 7년간 무주택자로 아이가 2명이면 55~60점 정도가 된다. 이때 신혼부부 특별공급으로 신청할 수 있다.

청약할 아파트가 59m² 이상이라면 청약통장 가입 시점을 본다. 42m² 미만의 임대아파트라면 가입 시점보다는 납입 횟수를 따진다.

한국감정원에서 청약홈이라는 새로운 청약 시스템을 운영하고 있다. 청약자격 확인과 주택소유 확인, 공공지원 민간 임대신청, 경쟁률 확인까지 가능하다. 무주택 기간, 청약통장 가입기간, 부양가족 수 등 청약가점 점수를 자동으로 계산해볼 수도 있다.

청약과 당첨자 발표도 청약홈에서 확인이 가능하다. 공인인증서와 청약통장이 있으면 청약홈 사이트에서 청약도 신청할 수 있다.

똑똑하게
레버리지 이용하기

대출금 상환에 최선을 다해야겠지만 다른 재무목표들과 충돌한다면 균형을 맞추는 것이
중요하다. 이를 위해서는 채무를 계속 들여다보고 관리하려는 자세가 필요하다.

☑ 좋은 빚 vs. 나쁜 빚

빚이 있는 사람의 심리는 두 부류로 나뉜다. 빚에 대한 부담
때문에 잠도 못 자는 사람이 있는가 하면, 남의 돈인데도 자기
돈인 양 막 쓰는 사람이 있다. 이렇게 빚은 어떤 사람에게는
매우 두려운 존재가 되지만 또 어떤 사람에게는 별것이 아니
기도 하다.

빚을 쉽게 생각하는 사람은 빚을 충분히 갚을 수 있다고 생각
한다. 하지만 빚은 이자를 낳기 때문에 한 번 빚지면 헤어나기가
생각보다 힘들다. 그렇다고 빚은 모두 나쁜 것일까? 미래 수익

을 기대할 수 있는 빚이거나 이자보다 높은 수익을 가져다주는 것은 좋은 빚이다.

예를 들어 1억 원짜리 오피스텔을 사서 월세 50만 원을 받으면 연 6%의 수익률이 발생하는 것이다. 그런데 3천만 원만 투자하고 나머지는 대출을 받았다면 연 수익률은 2배가 된다. 투자도 마찬가지다. 대출금리 이상의 수익이 될 경우에는 투자도 좋은 빚이 될 수 있다.

나쁜 빚이란 쓰면 없어지거나 사는 순간 가치가 떨어지는 데 내는 빚이다. 자동차 대출이나 명품 가방, 전자제품, 비싼 외식 등에 쓰는 신용카드 할부가 나쁜 빚이다.

높은 이자로 빌린 돈이거나 부동산 대출이자로 소득의 30% 이상 나간다면 나쁜 빚이다. 나쁜 빚을 철저하게 줄이는 준비를 해야 한다. 대출금 상환에 최선을 다하려면 채무를 계속 들여다보고 관리하려는 자세가 필요하다.

빚이 모두 다 나쁜 것만은 아니다. 대출을 잘 활용하면 지렛대 효과(기업이나 개인사업자가 차입금 등 타인의 자본을 지렛대처럼 이용해 자기 자본의 이익률을 높이는 일)를 볼 수 있다. 그럼에도 빚을 낼 땐 항상 신중해야 한다. 가계부채가 어마어마하게 늘고 있는 경제 상황도 생각해야 한다.

☑ 빚 갚는 데도 전략이 있다

사람들은 신용카드 사용부터 각종 대출까지 다양한 빚을 지며 살아간다. 물론 일부러 빚을 만들면 도움이 되는 좋은 빚도 있다. 하지만 문제는 이 빚들이 커지는 데 있다. 한 번 연체가 되면 순식간에 감당할 수 없는 큰 부채가 되고 만다.

우리는 인생에 필요한 재무목표들과 균형을 맞추면서 빚 갚는 전략을 지혜롭게 세워야 한다. 저축도 하면서 빚을 갚고 싶다면 먼저 부채 리스트를 작성한다. 현재 자신의 부채가 담보대출인지 신용대출인지를 구분한 다음에 만기일과 월 상환일자, 이자는 변동금리인지 고정금리인지 등을 따져본다. 그다음 본인의 월소득과 지출, 월 대출상환 금액 등을 확인한다. 그리고 자신의 자산을 파악해본다. 부동산 자산과 현금성 자산 그리고 총 부채금액을 확인해보고, 그중에서 부채 비율은 어느 정도인지 대비해본다.

자산과 부채를 확인했다면 빚 상환의 우선순위를 정한다. 이자가 높은 채무부터 갚는 것을 원칙으로 한다. 연체된 빚부터 갚고 '사금융 – 캐피탈 – 현금서비스 – 카드론 – 저축은행 – 1금융권' 등의 순서로 갚아나가야 한다.

연체는 신용등급에 문제가 생길 수 있다. 이자가 높은 채무라면 더 저렴한 이자의 상품으로 바꿔주는 대환대출도 있으니 이를 이용하는 것도 방법이다. 또한 만기일이 돌아오는 순서대로 상환해야 하며, 같은 조건이라면 '만기 일시상환 - 원리금 균등상환 - 원금 균등상환' 순서로 상환하는 것이 좋다. 대출금액이 동일하더라도 여러 건의 소액 부채로 나누어진 경우보다는 이들을 합쳐서 부채 건수를 줄이는 것이 신용등급 관리에 유리하다.

대출상환의 우선순위까지 정리하면 그다음은 가지고 있는 금융자산들을 파악한다. 대출이자보다 낮은 저축이나 주식, 펀드를 하고 있다면 이를 정리해서 높은 금리의 대출부터 상환한다. 중복되는 보험이나 저축보험도 정리해서 대출상환을 하는 것이 올바른 상환 전략이다.

내집 마련을 위한 대출 상식

가장 저렴한 금리는 대출 상담사가 가장 잘 안다. 대출은 주거래 은행을 활용하는 것이 좋다. 기준금리가 오르는 시점에는 변동금리보다는 고정금리로 갈아타는 게 유리하다.

✅ 내집 마련, 어떻게 해야 할까?

금수저가 아닌 이상 누구에게나 내집 마련은 힘든 일이다. 안 쓰고 안 먹고 허리띠를 졸라매도 내집 마련하는 기간은 보통 12년이 걸린다고 한다. 돈을 모으는 속도보다 집값은 더 빠르게 상승한다. 내집 마련은 예전에도 힘든 일이었고 지금도 힘든 일지만, 그래도 아끼고 저축해야 내집을 마련할 수 있다.

처음 내집을 마련하려면 현 상황을 파악하고 목적을 정해야한다. 신혼부부인지, 자녀가 있는지, 자녀가 몇 살인지에 따라고려할 사항은 제각각이다. 부동산 호재보다 먼저 생각해야 하

는 것은 바로 가족이다. 나의 가족들이 생활하는 데 불편함이 없
어야 한다. 맞벌이라면 회사가 가까워야 하고, 아이가 학교 다니
기에 안전해야 한다. 그러니 교통과 편의시설이 잘 갖춰져 있는
곳이 가장 먼저 고려되어야 할 사항이다.

어디까지나 '가족의 편리한 생활'이라는 목적에 충실한 집을
사야 하는 것이 먼저다. 주변 호재는 그다음이다. 해외여행을 다
니고 외제차를 뽑는 것보다 우리 가족이 편안하게 지낼 수 있는
내집 마련이 더 중요하지 않을까?

☑ 알쏭달쏭한 주택담보대출 용어 정복하기

◆ LTV

LTV(주택담보대출비율)는 주택의 담보가치에 따른 대출금의
비율을 의미한다. 만약 주택이 3억 원이고 이를 담보로 돈을 빌
리고자 한다면, LTV가 70%일 때 최대 2억 1천만 원까지 대출이
가능하다.

◆ DTI

DTI(총부채상환비율)는 금융부채 상환능력을 소득으로 따져서
대출한도를 정하는 계산 비율이다. 대출상환액이 소득의 일정

비율을 넘지 않도록 제한하기 위해서다.

만약 연소득이 6천만 원이고 DTI가 60%이면 3,600만 원이 넘지 않는 범위에서 돈을 빌릴 수 있다. 따라서 DTI나 LTV가 낮을수록 대출가능 금액이 줄어든다.

신DTI는 새로운 주택담보의 원리금과 기존 주택담보 원리금, 그리고 기타 대출이자까지 적용한다. 다주택자라면 대출가능 금액이 감소할 수 있다. 그러나 대출을 받으려는 사람의 2년간 소득을 검토하고 근로소득이나 사업소득, 국민연금, 건강보험료, 카드 사용액 등도 고려하기 때문에 신혼부부나 청년층의 미래 예상소득까지 고려하면 오히려 가능금액이 증가할 수도 있다.

◆ DSR

DSR(총부채원리금상환)은 대출심사시 차주의 모든 대출에 대해 원리금 상환 부담을 계산하는 지표다. 연간 갚아야 하는 신용대출과 주택담보대출의 원리금 합계를 소득으로 나눈 값을 말한다.

기준은 70%를 넘어가면 '위험', 90%를 초과하면 '고위험'으로 분류된다. 주택담보대출뿐 아니라 신용대출과 신용카드 미결제액, 자동차 할부금 등 모든 대출을 적용하기 때문에 대출받기가 더 까다로워졌다.

쉽게 말해 1년 동안 갚아야 할 돈이 연소득을 초과하면 추가 대출을 더이상 받을 수 없다. 연소득 4천만 원에 DSR 70%가 적용될 경우, 원리금 합계가 2,800만 원이 넘으면 대출이 사실상 막힌다. 만약 이런 경우 연 5% 금리의 자동차 할부금 2천만 원(3년 만기)과 연 4% 금리의 신용대출(1년 만기) 2천만 원까지 있다면, 주택담보대출은 받을 수 없다. DTI와 LTV를 적용해서 집 값의 일정 부분 이상은 대출을 안 해줬지만, 여기에 더 강화된 DSR이 추가된 것이다.

이 정도의 기존 대출을 보유한 수요자가 3억 원이 넘는 주택을 사려고 한다면 LTV만큼 주택담보대출을 받기가 어렵다. 이미 주택담보대출이 있는 1주택자라면 무주택자보다 대출 조건이 더 빡빡해진다. 그래서 자산은 있지만 직업이나 소득이 없는 부동산 부자는 대출을 거의 받을 수 없다.

☑ 전세자금대출이란 무엇인가?

내집을 마련하기 전에 가장 중요하게 느끼는 건 전세자금대출이다. 물론 빚 없이 사는 것이 좋지만, '나는 대출 없이 집 살 거야'라고 하면 평생 못 사는 경우가 많다. 일반적으로 사람들이 잘 모르는데 전세자금대출의 방식부터 알아보자.

◆ 신혼부부 전세자금대출

대출 조건은 신혼부부(법률혼 관계의 7년 이내 부부)로 대출 기간은 2년이다. 4회 연장으로 최장 10년까지 가능하다. 상환 방법은 일시상환 또는 혼합상환이다.

혼합상환이란 대출 기간 중 원금 일부인 10%를 나누어 갚고, 잔여 원금을 만기에 일시 상환하는 방식이다. 기한연장시에 최초 대출금의 10% 이상 상환 또는 상환불가시에 연 0.1% 금리가 가산된다.

◆ 버팀목 전세자금대출

대출의 조건은 부부 합산 연소득이 5천만 원 이내, 자녀가 둘 이상이면 6천만 원 이하까지 받을 수 있다. 본인 및 3개월 내 모든 세대원이 무주택자여야 가능하다.

대출금리는 기준 2.1~2.7%이다. 수도권 기준은 전세금 3억 원 이하의 주택에 최대 1억 2천만 원까지, 자녀가 둘이면 4억 원 이하의 주택에 2억 2천만 원까지 빌릴 수 있다.

◆ 디딤돌 전세자금대출

대출 자격조건은 본인과 배우자의 합산 소득이 연 6천만 원 이하이고 2자녀 이상이면 7천만 원까지 받을 수 있다. 세대주를 포함한 모든 세대원이 무주택자여야 신청이 가능하다. 해당 주거지의 면적이 85m² 이하여야 하고 주택 평가액이 5억 원 이하여야 대출이 가능하다.

대출의 금리 구간이 1.95~2.7%이고, 청약통장을 3년 이상 꼬박꼬박 부었으면 여기서 0.2% 포인트를 또 빼준다. 자녀 수가 늘어날 때마다 우대금리도 늘어나므로 실질적으로는 1% 중반부터 2.3% 정도의 금리가 적용된다.

신혼부부는 결혼 후 7년까지, 또 결혼 전이라도 석 달 안에 결혼한다고 하면 신혼부부 우대를 받을 수 있다. 부부 합산 연소득 7천만 원까지다. 디딤돌 대출금리의 기본 구간이 1.65~2.4% 사이가 된다. 일반적인 디딤돌 대출보다 0.3% 낮은 구간에서 시작하고, 대출 한도도 일반적인 디딤돌보다 2천만 원 더 쳐줘서 2억 2천만 원까지 된다. 여기에 청약통장과 자녀가 있는 경우 추가우대도 받을 수 있다. 더 좋은 조건에서 돈을 빌릴 수 있는 셈이다.

주택도시기금의 '기금e든든' 홈페이지(enhuf.molit.go.kr)에서 신청하거나 시중은행을 통해서 대출을 신청할 수 있다.

또한 한국주택금융공사의 '다양한 보금자리론' '디딤돌 대출' 등 2%의 고정금리 주택담보대출을 활용할 수 있다. 한국주택금융공사 사이트(www.hf.go.kr)에서 확인이 가능하다.

가장 저렴한 대출금리는 대출 상담사가 잘 안다. 그리고 대출은 주거래 은행을 활용하는 것이 좋다. 기준금리가 낮아지는 시점에는 고정금리보다는 변동금리로 갈아타는 게 유리하다. 이를 적절히 활용해보자.

☑ 신용등급을 평소에 관리하자

편리한 금융서비스를 이용하기 위해서는 신용등급 관리가 필수다. 그런데 이 관리는 일시에 할 수 있는 것이 아니기에 평소에 철저히 해야 한다.

개인의 신용도에 대한 지표로 신용평가원에서는 개인의 신용거래 내역 정보를 가지고 신용등급을 평가하고 있다. 신용등급은 1등급에서 10등급까지 나뉜다. 신용등급의 가장 큰 적은 연체와 빈번한 대출이다.

보험료, 공과금, 통신비, 건강보험료 등을 연체하더라도 신용에 영향을 준다. 그러므로 납부일을 잘 체크해서 연체가 되지 않게 해야 한다. 현금서비스를 일정 기간, 일정금액을 사용하면 카드 돌려막기로 판단해서 신용을 떨어뜨린다.

신용을 좋게 하려면 체크카드를 월 30만 원 이상, 6개월 이상 사용하거나 1년 동안 꾸준히 사용하면 4~40점 가산점을 받을 수 있다. 대출을 1년 이상 성실히 상환하거나 대출 원금 50% 이상을 상환해도 5~13점 가산점을 받을 수 있다.

신용등급 조회는 1년에 3회까지는 무료로 조회가 가능하다. 신용등급 조회로 신용등급이 하락하지는 않는다.

☑ 금리인하요구권을 적극적으로 활용하자

일반 금융기관에서 적극적으로 알려주지 않는 정보도 금융감독원 홈페이지(www.fss.or.kr)에서는 자세하게 제공한다. 금리인하요구권은 소비자 권익보호 차원에서 보장되는 제도이지만 고객이 돈을 빌리러 왔을 때 이를 설명해주는 금융기관은 드물다.

대출 당시보다 신용등급과 상환능력이 나아졌다면, 금리를 낮춰달라고 요구할 수 있다. 시중은행, 저축은행, 카드사, 보험사 등 제2금융권에서 돈을 빌렸을 경우에 금리인하를 요구할 수 있으니 적극 활용하자. 통상적으로 대출을 진행한 후 6개월이 경과하면 금리인하를 요구할 수 있다.

부동산 부자가 되고 싶다면?

별 생각 없이 집을 샀다가 팔리지 않아서 쩔쩔 매는 경우가 많다. 한두 푼도 아닌 집인 만큼 이왕 살 때 좋은 집을 사야 하지 않겠는가? 그래서 부동산투자는 안목이 전부라고 해도 과언이 아니다.

☑ 좋은 집을 고르는 안목

집을 사기 전에 알아봐야 할 첫 번째 조건은 입지다. 입지는 한마디로 말하면 역세권이다. 단일 역세권보다 이중 역세권이 좋고, 이중 역세권보다 환승 역세권이 좋다. 환승 역세권은 여러 개의 교통 노선이 교차하는 곳을 말한다. 특히 서울의 중심, 강남과 연결된 곳일수록 더 큰 강점을 갖는다.

두 번째 조건은 부동산의 규모와 프리미엄이다. 이는 젊은 주부들이 좋아하는 아파트에 해당되는 사항이다. 은수 씨는 서울 행당동의 한 아파트를 첫 집으로 골랐다. 근처에 초등학교가 있어서 아이 키우기에 좋을 것이라는 부동산 중개인의 말을 믿었다. 그런데 은수 씨는 지금 후회하고 있다.

"이 아파트 세대수가 93세대거든요. 세대수가 적은 게 마음에 걸렸는데 주변에 대단지 아파트가 두 군데나 있어서 여기도 오를 거라고 중개인이 말했어요. 그런데 주변 대단지 아파트만 올랐고, 여긴 오르기는커녕 값이 더 떨어졌어요."

세대수가 적은 아파트를 일명 '나홀로 아파트'라고 한다. 천 세대 이상이 모여 사는 대규모 단지 아파트는 시간이 지날수록 편의시설이 늘어나기 때문에 가격이 오른다. 그런데 상대적으로 저렴한 가격 때문에 나홀로 아파트를 샀다가는 시세가 떨어져서 난감해지는 경우가 많다. 매매도 잘 되지 않는다. 아무리 실거주를 목적으로 하는 아파트를 구할지라도 시세 차익을 배제할 수는 없지 않은가?

일반적으로 아파트의 로열층과 비열로열층은 금액적으로 차이가 난다. 직접 들어가서 살 때는 잘 모르더라도 팔려고 내놓으면 가격 차이를 무시할 수 없다. 대부분의 사람들은 북향이나 저층, 꼭대기층은 선호하지 않기 때문이다. 그러므로 아파트는 되도록 1~3층, 꼭대기층은 고르지 않는 것이 좋다. 남향을 선택하고, 낮 시간대에 들러서 볕이 얼마나 들어오는지도 반드시 살펴봐야 한다.

☑ 부부 공동명의의 부동산

절세를 목적으로 부부 공동명의로 부동산을 매입하는 경우가 많다. 부부 공동명의는 부동산 지분을 각각 50%씩 동일하게 나눠 가진다.

이때 부부 중 1명만 임대인으로 계약을 체결해서는 안 된다. 부부라 할지라도 일상가사 대리권이 해당되지 않으므로 배우자의 동의 없이 부동산을 임대할 수 없다.

공유자가 부부 사이라도 임차인은 부부 2명 모두와 계약을 체결하거나 1명과 계약을 체결할 경우는 배우자의 위임장 등을 반드시 확인해야 한다. 만약 부동산의 51% 이상이 아내 명의이고, 49%가 남편 명의라면 아내의 지분이 50% 이상이 되므로 남편의 동의 없이도 부동산을 임대할 수 있다.

자녀들에게 부담을 주기 싫다면 노후를 확실하게 준비해야 한다. 자신감을 잃지 않고 행복하게 살아가려면 어떤 준비를 해야 할까? 7일차에는 노후준비의 중요성과 접근 방식을 살펴본다. 연금, 보험, 저축, 부동산 등으로 노후에도 수입을 만드는 방법을 알아보자.

재테크 고수 도전

7일차

나이가 들어도
돈은 꼭 필요하다

여자와 남자의
노후준비는 달라야 한다

여성과 남성은 기대수명뿐만 아니라 주로 걸리는 질병도 서로 다르다. 그만큼 여성의 은
퇴준비는 남성의 은퇴준비와 달라야 하고, 여성은 의료비 확보를 위해서 각별히 신경을
써야 한다.

☑ 늙으면 다 똑같지 않다

한때 "조금만 기다려봐. 다 똑같아"라는 말이 유행했다. 항간에
떠도는 유머로, 마흔만 되면 학교에서 교육받은 것만으로는 살
수 없고, 쉰이 되면 노화를 막을 수가 없다는 뜻이 담겨 있다. 내
용을 그대로 옮기면 다음과 같다.

> 40세만 되어봐, 배운 여자나 못 배운 여자나 똑같아
>
> 50세만 되어봐, 예쁜 여자나 안 예쁜 여자나 똑같아
>
> 60세만 되어봐, 자식 잘 둔 여자나 못 둔 여자나 똑같아

70세만 되어봐, 서방 있는 여자나 없는 여자나 똑같아

80세만 되어봐, 돈 있는 여자나 돈 없는 여자나 똑같아

90세만 되어봐, 산에 누운 여자나 집에 누운 여자나 똑같아

더 나이가 들면 여자의 삶에 지대한 영향을 끼쳤던 자녀와 배우자가 상대적으로 중요하지 않다. 여든이 되면 돈이 있든 없든 쓰고 싶어도 쓸 수가 없고, 아흔이 되면 살아 있는 사람의 건강이 죽은 사람이나 비슷하다고 말한다.

"나이가 들수록 여자들에게 꼭 필요한 것은 무엇일까요?"

내가 강연회 도중에 청중들에게 이렇게 물으면 많은 엄마들이 입을 모아서 외친다. 바로 "돈"이라고 말이다.

그렇다면 나이 든 여자들에게 꼭 필요한 3가지는 무엇일까? 건강, 돈, 친구라고 한다. 나이 든 남자에게도 필요한 것이 3가지가 있는데 그것은 아내, 와이프, 마누라다. 우스갯소리로 흘려듣고 넘기기에는 뼈가 있는 말이다.

여성이라면 노후를 더욱 철저하게 준비해야 한다. 고령으로 갈수록 여초현상이 심해져서다. 2017년에 발표한 통계자료에 의하면 우리나라 여성의 기대수명은 85.4세로 남성의 79.3세보다 6.1년이 더 길다. 여성의 평균 초혼연령이 남성보다 2.6세 낮다고 하니, 아내가 남편보다 평균 8~10년이나 더 오래 산다고 봐야 한다.

실제로 남편과 사별한 후 홀로 사는 여성 노인의 수도 점점 늘고 있다. 핵가족이 보편화되면서 고령의 부모와 동거하는 자녀는 찾아보기 어렵다. 자녀가 노후를 책임져줄 것이라고 기대하는 사람들도 크게 줄었다. 때문에 남자보다 오래 사는 여성들은 노후에 더욱 관심을 기울여야 한다.

우리나라는 2017년도에 UN에서 정의한 고령사회(Aged society)로 진입했다. 우리나라는 2000년에 65세 이상 인구가 전체 인구의 7%를 넘어서면서 고령사회에 들어섰다. 그러던 것이 불과 17년 만에 노인 인구 비율이 14%에 도달했다. 프랑스가 115년, 미국이 73년, 일본이 24년이 걸려서 고령사회에 진입한 것과 비교하면 그 속도가 빨라도 너무 빠르다.

우리보다 앞서서 고령사회에 진입했던 일본에서는 최근 '노후파산'이라는 신조어가 생겨났다. 노후파산이란 의식주 모든 면에서 자립 능력을 상실한 노인의 비참한 삶을 일컫는 용어다. 일본의 한 방송에서 '노후파산'이라는 용어를 사용하면서 일본 사회에 엄청난 파장을 일으켰다. 실제로 일본 노인들의 삶이 위태로웠기 때문이다.

일본의 독거노인 600만 명 가운데 절반이 생활보호 수준 이하의 연금으로 생활하고 있다. 이 중에 200만 명은 노후파산 상태라고 하니, 이 얼마나 무서운 일인가! 게다가 노후파산에 이른 사람들은 의료와 간병서비스조차 이용하기 어려운 '헬스푸어'들이다.

우리가 일본의 노후파산 신드롬을 무심하게 넘겨서는 안 되는 이유는 또 있다. 일본은 한국의 미래를 비추는 거울이기도 해서다. 여기에 5G급으로 빠른 우리나라의 고령화 속도를 감안하면 이웃 나라의 노후파산이 남의 일만은 아니다.

☑ 노후, 기본만 알면 어렵지 않다

노후준비가 어려운 이유는 무엇일까? 노후파산에 이르는 과정은 생각보다 간단하다. 노후파산은 단번에, 갑자기 들이닥치지 않는다. 파산은 우리가 생각하는 것보다 천천히, 점진적으로 다가온다.

은퇴 후에는 누구나 현금 유동성이 부족하다. 생활고에 빠지면 남은 예금을 조금씩 쓴다. 그래도 부족하면 집을 팔 차례다. 이렇게 재산을 하나씩 팔아넘기면 최종적으로 파산에 이른다.

노인들이 집을 파는 일이 어딘가 모르게 익숙하지 않은가? 우리나라도 연령이 높아질수록 부동산 편중 현상이 심각하다. 60대의 자산 구성을 살펴보면 부동산이 78.4%이고, 부채를 제외한 순금융자산은 1,717만 원에 불과해서 사실상 노후파산 위험에 직면해 있다.

문제는 부동산이 금융자산과 다르게 현금으로 바꾸기가 어렵다는 데 있다. 부동산에만 자산을 집중하면 노후에 현금이 부족한 상태, 즉 캐시푸어(cash poor) 상태가 된다.

나이 들어서 현금은 없는데 큰돈을 써야 하는 경우가 생기면 어떻게 해야 할까? 만 55세 이상이라면 주택을 활용한 주택연금으로 생활할 수 있다. 주택연금은 소유한 집을 담보로 일정 금액을 매월 받는 대출상품이다.

한국주택금융공사에 따르면 주택연금 가입자의 평균 주택가격은 2억 9,800만 원이고, 평균 월 지급금은 101만 원 정도다. 20년을 불입한 국민연금 가입자의 월평균 수령액이 약 80만 6천 원인 것과 비교하면 주택연금은 매우 매력적인 상품이다. 그러니 이를 활용해야 한다.

이밖에도 노년의 자산관리에 있어서 중요한 포인트는 무엇일까? 그것은 바로 가진 재산을 유지하고 지키는 일이다. 노년에는 열심히 마련한 집, 자동차, 저축이 한순간에 사라질 수 있다. 그 원인은 질병에 따른 병원비 지출에 있다. 은퇴 이후에는 건강관리가 무척 중요하다. 특히 60대 이후부터는 큰돈이 들어가는 중대한 질병과 같은 의료비 보장이 반드시 필요한 시점이다. 헬스푸어가 되지 않으려면 적절한 대비가 필요하다.

☑ 누구나 이해하기 쉬운 노후 공식

노후자금은 얼마가 필요할까? 어디서부터 어떻게 시작해야 하는지 모르는 사람이라면 이것만 기억하라. 일반적으로 은퇴 후 노후자금은 은퇴 전 소득의 70%를 마련하면 적당하다.

그렇다면 이 70%의 돈을 어떻게 마련할 것인가? 일단 70% 중 40%는 국민연금과 같은 공적연금과 주택자산으로 만들어야 한다. 여기서 주택자산이란 주택연금 또는 주택이나 전세를 처분해서 마련한 자금을 말한다. 이외에 나머지 30%는 연금보험, 연금저축, 퇴직연금, ISA통장을 활용해서 만들어야 한다.

30%를 만들려면 소득의 몇 퍼센트를 저축해야 할까? 간단한 공식으로 설명하면 나이에서 15 또는 20을 빼면 된다. 여기부터가 중요하다. 퇴직금을 은퇴자산으로 활용할 수 없는 사람, 예를 들어 자영업자의 경우는 15를 빼고 퇴직연금을 활용할 수 있는 사람이라면 20을 뺀다.

만약 현재 40세인데 퇴직금을 활용할 수 있다면 소득의 20%를 65세까지 저축하고, 퇴직금을 활용할 수 없다면 소득의 25%를 65세까지 꾸준히 저축하면 된다. 이를 공식으로 정리하면 다음과 같다.

- 노후자금 저축 비율 ＝ 현재 나이 − 15 혹은 20

◆ 종합적인 재정상태 점검하기

　은퇴 이후를 더 가치 있게 보내려면 현재 자신의 지출 규모를 파악하고 있어야 한다. 필수지출 항목과 임의지출 항목을 철저하게 구분하고, 분기마다 목표한 금액을 잘 유지하고 있는지 점검해야 한다.

　노후준비가 막연하다면 국민연금공단에서 제공하는 노후준비 종합진단서비스를 활용해볼 수 있다. 간단한 정보 입력만으로 자신의 소득과 자산을 포함한 금융 상태를 확인할 수 있고, 현재 소득·자산·건강·관계 등 4가지 분야에서 노후준비 상태를 종합적으로 확인할 수 있다.

　은퇴준비를 할 때에는 재무 관리도 중요하지만, 비재무 측면 또한 세심하게 관리해야 한다. 보유자산과 부채현황을 자산 상태표에 정리하고, 은퇴 생활에 필요한 은퇴자금을 계산해서 안정적인 재무 관리가 가능하다. 더불어 인간관계, 여가활동, 건강 등 행복한 노후의 기반이 되는 영역에 대한 노하우도 살펴볼 수 있다.

　노후를 혼자 준비하기란 쉽지 않다. 한 생명보험사의 '행복한 은퇴' 조사에 따르면, 실제로 노후 계획 수립을 위해 재정전문가의 도움을 받은 은퇴 예정자는 4명 중 1명도 되지 않았다. 전문가의 도움을 받아 본인의 소득, 지출, 현 상태를 객관적이고 정확하게 파악한다면 자신에게 가장 적합한 방법으로 행복한 인생 2막을 준비할 수 있다.

☑ 여성의 연령별 노후 대비 방법

여성들이 주의해야 할 점이 하나 있다. 여성과 남성은 기본적으로 기대수명뿐만 아니라 경제활동에 따른 소득 수준도 다르다. 주로 걸리는 질병도 다르다. 그러니 여성의 은퇴준비는 남성의 은퇴준비와 달라야 한다.

먼저 주택에 대해서 생각해보자. 우선 지금 살고 있는 집은 절대로 처분하지 말아야 한다. 주택은 여자들에게 최후의 자금원이다. 남편이 사망한 후에 별다른 수입원이 없다면 주택을 담보로 연금을 받을 수도 있다. 주택의 규모를 줄이거나 외곽으로 이사해서 여유 자금이 생겼다면 즉시 연금상품에 가입하기를 바란다. 목돈이 생기면 여기저기서 돈 냄새를 맡은 이리떼가 달려들 수 있어서다.

다음으로 연금 수준을 높이는 노력이 필요하다. 남편이 일찍 사망하면 부인은 노후를 빈곤하게 보낼 가능성이 높다. 남편 없이 홀로 살아갈 수 있는 자금을 별도로 마련해두어야 한다. 그 시작은 연금자산을 최대한 끌어올리는 것이다.

국민연금공단의 자료에 따르면 우리나라 여성의 국민연금 가입률이 남성에 비해서 매우 낮다. 개인연금, 퇴직연금 가입률이 낮은 것은 말할 것도 없다.

노후 생활을 위한 3가지 보장제도인 '국민연금, 퇴직연금, 개인연금'에 대해서 잘 알아보고 유리한 방법을 택해 연금자산을 마련하자.

◆ **20대, 터를 닦아라**

월급여의 1/10을 연금으로 저축한다. 학자금 대출이 있다면 최대한 빨리 갚을수록 좋다. 카드빚을 만들지 않도록 주의하고 신용을 관리하라.

◆ **30대, 무조건 저축하라**

급여의 30%를 저축하라. 확정기여형 퇴직연금이나 개인형 퇴직연금의 개인기여금을 세액공제 한도까지 들어둔다. 본인이나 남편의 사망보험금을 준비하는 한편, 공적건강보험을 보충할 수 있는 건강보험을 든다. 그리고 집을 살 때는 부부 공동명의로 하는 것이 좋다.

◆ **40대, 반성이 필요하다**

저축과 투자가 계획대로 진행되고 있는지, 보험에서 보장내역이 빠진 부분은 없는지, 주택대출 상환 계획에는 차질이 없는지 등을 점검한다. 재정전문가에게 전문적인 도움을 얻는 것도 좋다.

◆ 50대, 점검 또 점검하라

노후 연금액이 부족할 경우에는 단기에 자금을 축적할 수 있는 연금상품에 가입한다. 목돈이 있다면 거치형 즉시연금보험으로 노후준비를 확실하게 한다. 본인과 배우자의 건강보험 보장연령이나 보장금액 등을 재검토해서 장기간병보험을 준비한다.

노후를 위해
보험은 꼭 필요하다

아무런 준비 없이 노후를 맞았다가는 노후자금을 의료비로 몽땅 쓸지 모른다. 미리 의료비를 마련해야 하는데 이를 위해서는 경제활동이 이루어지는 시기에 보장자산을 확보해놓아야 한다.

☑ 5가지 보험으로 의료비를 대비한다

의료비와 노후, 노후와 의료비는 절대로 뗄 수 없는 관계다. 똑같은 병을 앓아도 의료비를 걱정하지 않아도 되는 사람은 고가의 치료나 수술을 통해서 병을 이길 수 있다. 그런데 그렇지 못한다면 가족들이 짊어져야 하는 무게도 달라진다.

　의료비를 마련해뒀다면 가족 중에서 누군가가 힘들게 병간호를 하지 않아도 되고, 환자는 그만큼 병으로 인한 부담감과 스트레스에서 자유로워질 수 있다. 그러므로 노후를 대비할 때 의료비는 반드시 포함시켜야 할 필수 항목이다.

문제는 진료비가 상승하는 시기와 소득이 단절되는 시기가 맞물린다는 점이다. 아무런 준비 없이 노후를 맞았다가는 노후자금을 의료비로 몽땅 쓸지도 모른다. 나이가 들수록 급증하는 의료비를 마련하려면 경제활동이 이루어지는 시기에 미리 보장자산을 확보해놓고 대책을 세우는 것이 중요하다.

인구가 고령화되면서 동시에 환자 수가 늘어나는 질병이 있다. 노년층이 가장 두려운 질병으로 꼽는 치매다. 한 조사에 따르면 12분마다 1명씩 치매 환자가 새로 발생한다고 하니 두려울 만하다.

"엄마가 병원비 나가는 걸 제일 무서워해요. 자식들한테 부담 안 주고 내 마음대로 병원에 다닐 수 있으면 그게 제일 큰 행복이라고 하시네요."

노년기를 맞은 베이비부머세대, 우리들의 부모님만 봐도 알겠듯이 그들은 병원비 걱정이 많다. 병원을 마음대로 다니고 싶다는 은퇴자들의 이런 바람은 지극히 현실적이다. 병치레 기간이 늘어나면 그만큼 경제적으로도 어려워지기 때문이다. 실제로 그들을 만나보면 보험에 관한 고민을 많이 털어놓는다.

"보험설계사인 지인에게 제가 가입할 만한 보험상품을 설계해달라고 했어요. 실손보험이 15만 원쯤 하더군요. 좀더 저렴하게 가입할 수 있는 방법은 없을까요?"

"저는 주부이고 외벌이 가정이라서 소득이 많지 않아요. 우선 어떤 보험부터 가입해야 하는지 알려주세요."

"제 나이가 60세인데 실손보험에 가입할 수 있을까요?"

여성들은 의료비 확보를 위해서 각별히 신경을 써야 한다. 먼저 실손보험과 질병후유장해 진단비를 준비하자. 실손보험이나 질병후유장해 진단비는 여성들이 나이가 들어서 허리나 무릎, 치매 관련 진단을 받았을 때 보장을 받을 수 있다. 여성을 위한 진단비는 한 살이라도 젊을 때 가입해두는 것이 좋다. 동일한 보장이라도 나이가 어릴수록 보험료가 저렴하고, 나이가 들면 질병에 걸릴 확률이 높아서 보험료가 비싸다. 게다가 병에 걸리고 나면 보험에 가입하고 싶어도 여러 가지 제약이 있다.

여성들은 특히 간병인보험에 가입해둘 것을 권한다. 남편이나 자녀가 아프면 24시간 붙어서 간호를 할 수 있지만 정작 본인이 아프면 누가 간호를 해줄 것인가? 내가 아플 때 언제든 마음 편하게 치료를 받을 수 있도록 미리 준비하자.

☑ 지혜로운 은퇴준비법

◆ 퇴직 후 부담되는 건강보험료

건강보험료는 연령 제한이 없고 평생 납부해야 하므로 퇴직 후에 부담이 될 수 있다. 건강보험료 지출 부담이 크다면 이를 낮추는 합리적인 전략이 필요하다. 우선 직장가입자 자녀를 피부양자로 등재한다. 가족 중 혹은 본인이 피부양자 자격요건에 충족된다면 등재 신청을 해서 보험료를 면제받을 수 있다.

임의계속가입제도를 활용하면 퇴직 후 최대 36개월간 이전에 내던 직장보험료 수준으로 건강보험료를 납부할 수 있다. 퇴직 후 연금소득은 30%만 건강보험료로 산정이 되고 금융재산은 건강보험료가 면제되기 때문에 연금소득 비중과 금융재산 비중을 높이는 것도 건강보험료의 부담을 줄일 수 있는 방법이다. 재취업을 해서 직장가입자가 되어 건강보험료를 줄일 수도 있다.

마지막으로 퇴직 후에 차량을 처분하거나 차량을 소형차로 교체하는 방법이 있다. 자동차 배기량이 건강보험료 산정 기준에 포함되므로 배기량이 클수록 건강보험료가 증가한다. 9년 이상된 차량, 4천만 원 미만의 1,600cc 이하의 소형차, 그리고 생계형 차량을 이용할 경우 건강보험료를 면제받을 수 있다.

☑ 의식주 해결이 노후 대비의 전부는 아니다

우리나라 여성의 평균수명은 85세. 현재 40세 여성이라면 앞으로 45년이란 시간이 남아 있다는 말이다. 오래 산다는 기쁨보다는 45년 동안 어떻게 살아야 할지가 고민되지 않는가? 은퇴 이후에 기본적인 의식주를 해결하는 것만이 노후 대비의 전부는 아니다.

미래에셋 은퇴연구소 조사자료에 의하면 은퇴자들이 가장 많이 한 조언은 '은퇴 전에 최대한 자산을 모으라는 것'과 '노후를 되도록 빨리 준비하라는 것'이었다. 공무원으로 퇴직한 사람들이 상담을 오면 빼놓지 않고 먼저 하는 것이 자녀연금부터 챙기는 일인데, 이것만 봐도 알 수 있다.

돈을 벌기 시작할 때부터 노후를 준비해보자. 20~30대의 노후준비는 공적연금, 퇴직연금, 개인연금을 가입하는 것부터 시작한다. 오래 사는 것이 행복이 되려면 최저생활비를 복층으로 준비하는 것이 중요하다.

또한 자신의 몸값을 높이기 위한 자기계발, 즉 인적자산에도 투자해야 한다. 본인이 원하는 대로 언제까지나 돈을 벌 수 있는 능력을 갖춘다는 것은 무엇보다 가장 큰 자본이며 성공이기 때문이다.

40대 노후준비의 최대의 적은 자녀교육비와 건강 리스크다. 자녀의 교육과 결혼에 과다한 비용을 지출하고 궁핍한 노후 생활을 하고 있는 사례가 많다. 우리나라처럼 자녀교육비와 결혼비용에 많은 지출을 하는 나라도 없다.

초중고 학생을 둔 40대 부부라면 자녀교육관에 공통된 인식과 소신을 갖고 극복해야 한다. 자녀들에게 쏟아부은 교육비 때문에 아이러니하게도 자녀들은 부모의 노후를 책임져야 할 무거운 짐을 지게 될 것이다.

'얼마나 건강하게 오래 사느냐'도 중요하다. 40대가 되면 건강에도 빨간불이 켜지므로 건강 관리에 신경 써야 한다. 의료비로 많은 지출이 발생할 수도 있어서다. 그동안 가입해둔 보험들을 한번 체크해보자.

퇴직 이후에도 생활비가 줄어들지 않는 이유는 무엇일까? 바로 의료비와 간병비가 많이 들어서다. 50대가 되면 자산 구조조정에 들어가야 한다. 50대는 자산이 많이 형성되어 있기도 하지만 부채 또한 많은 시기다. 퇴직하기 전에 대출상환을 끝내고, 고정지출 중에 큰 비중을 차지하는 보장성보험료 납입도 끝내야 한다.

부채 발생이 어디서 시작되었는지도 파악해야 한다. 예를 들어 주택담보대출이 아직 남아 있다면 평수를 줄여서라도 이자비용을 줄여야 하고, 생활비를 충당하기 위한 대출이라면 소비수준을 낮춰야 한다.

50~60대 가정경제를 압박하는 것 중에 하나가 자녀 결혼비용이다. 한 60대 부부는 노후준비가 되지 않은 상황인데 자녀 결혼 준비를 위해 대출 1억 원을 받아야 한다며 걱정했다. 퇴직 후 자산관리의 시작은 가계의 구조조정부터 하는 것이 필요하다.

50대에 해야 할 일을 더 추가하자면 퇴직 이후에도 할 수 있는 일을 만들어야 한다는 것이다. 한 20대 배우가 80대 노인의 분장을 하고 하루를 살아보았다고 한다. 노인이 겪는 불편함은 여러 가지 있었지만, 그중에 가장 힘들었던 것이 외로움이라고 했다. 퇴직 후에도 새로운 일을 하는 것은 노후자금에 보탬도 되지만 육체적·정신적 건강도 지킬 수 있다. 보람 있는 삶 속에서 외롭다는 생각을 할 겨를도 없지 않겠는가?

신혼부부들과 상담을 하다 보면 안타까운 점이 있다. 직장에 다니는 여성들의 경우 아이가 태어나면 육아 때문에 회사를 그만두겠다는 사람들이 많다. 물론 육아는 중요하다. 그러나 외롭지 않은 노후를 위해서는 현재 상황에서 꼭 버텨내기를 간곡히 바란다.

은퇴 이후의 집,
생각을 바꿔야 한다

은퇴 이후에는 부동산과 현금성 자산 간의 균형을 맞춰야 한다. 살고 있는 집을 팔고 작은 집으로 옮기는 것, 현재의 주택에서 살면서 주택연금제도를 이용하는 방법 등이 있다.

☑ 은퇴 이후의 집은 우리에게 어떤 의미일까?

희경 씨는 남편이 퇴직하면서 이전보다 여유로운 생활을 하고 있다. 이들은 10년 전에 해운대로 이사를 왔다. 1억 6천만 원가량을 주고 샀던 집은 현재 아파트 재건축이 사실상 확정되면서 시세가 5억 원까지 올랐다.

"시류를 잘 탔어요. 그때 아들이 같은 아파트 단지 내에서 살자고 권유해서 옮겨왔는데…."

주변 사람들은 희경 씨 부부를 부러워했다. 그런데 이들은 최근 여유로운 노후를 위해서 아파트 규모를 줄이고 현금을 확보하기로 결정했다.

"집에 5억 원이나 깔고 있을 필요가 없잖아요? 30평 넘는 아파트가 우리 부부에게는 크다는 생각이 들어요."

부부는 몇 달간 머리를 맞대고 의논했다. 그 결과 인근의 24평 아파트로 이사하기로 결정했다. 아파트 가격은 24평에 2억 5천만 원이었다. 그중에서도 1층은 좀더 저렴했다.

고민도 많았지만 결정을 하고 나니 잘한 일이라는 확신이 들었다. 이 일을 계기로 제사도 큰아들 집으로 옮겼다. 시집간 딸도 부산에 오면 시댁이나 친정오빠 집에서 지내니 집이 좁아서 불편할 일은 없었다.

이들 부부가 집을 줄이기로 결정한 것은 의료비 때문이었다. 지난해 희경 씨가 어깨를 다쳐서 입원했는데 병원비 부담이 심각했다. 자녀들에게 짐이 될 것 같은 불안도 생겼다.

"큰 병에 걸리면 돈이 몇 천만 원씩 들기도 하잖아요. 지금 받는 연금 250만 원으로는 무리일 거라고 생각했어요. 그래서 현금을 더 갖고 있으려고요."

재옥 씨의 남편은 공무원으로 재직하다가 은퇴했다. 남편의 은퇴 전 월급은 세후 300만 원이었다. 은퇴 후에는 조기수령해서 받은 국민연금과 연금보험이 주 수입원이다. 금액은 은퇴 전 금액의 절반 정도인 160만 원이다. 아들과 딸이 용돈을 주기도 하지만 일정하지가 않다. 은퇴 후에 남편이 집에 있는 것은 그녀가 생각했던 것보다 훨씬 더 불편했다.

"직장생활을 하다가 경력이 끊긴 지 20년도 더 넘었어요. 하고 싶은 일이 있어도 나이가 많다고 안 써주고요. 할 만한 일은 돈이 너무 적은 데다 힘들어서 마땅치가 않아요."

재옥 씨는 벌이는 절반으로 줄어드는데 예전만큼 쓸 수는 없으니 재취업을 하고 싶다고 말했다.

은퇴자들은 '이제 곧 수입이 줄어들고 예전처럼 쓸 수 없겠다'라고 막연하게 생각하는데 막상 닥쳐보면 생각했던 것 이상으로 생활비가 쪼들려서 당황한다. 그래서 당장 돈을 벌 계획부터 세우는데 조급하게 생각할 일이 아니다. 그보다는 씀씀이를 줄이는 것이 먼저다. 재취업은 멀리 보고 계획을 세우는 것이 더 현명하다.

☑ 은퇴 이후에는 부동산 비중을 줄여라

은퇴 후에도 노후는 길고 돈은 계속 필요하다. 알뜰하게 살림을 꾸리면서 멀리 볼 줄 아는 냉정과 지혜가 필요하다. 은퇴자들은 돈이 필요해서 재취업에 도전하거나 퇴직금으로 투자나 사업을 한다. 애석한 일이지만 기대와 달리 실패로 끝나는 경우가 많다.

퇴직 이후에도 노후준비를 제대로 하지 못했다면 어떻게 해야 할까? 먼저 살던 집을 활용해서 부동산 다운사이징(downsizing, 축소)을 하면 은퇴자금을 마련할 수 있다. 통계청의 '2014년 가계금융조사'에 따르면 2014년 기준 한국 가계자산에서 부동산이 차지하는 비중은 73%에 달했다. 보유자산 가운데 부동산 비중을 연령대별로 조사한 자료를 보면 연령대가 높아질수록 부동산의 비중이 커지는데 60세 이상은 82%로 나타났다.

은퇴 이후에는 특히 부동산과 현금자산 간의 균형을 맞춰야 한다. 예기치 못한 자금 지출에 대비해서 일정 규모의 자산을 확보해야 한다. 살고 있는 주택을 팔아서 작은 집으로 옮겨가는 다운사이징, 현재의 주택에서 살면서 주택연금제도를 이용하는 방법 등이 있다. 주택연금은 노후에 본인 소유의 주택에서 거주하면서 연금을 받기 때문에 노후자금이 부족한 경우에 사용하기에 좋다.

수익형 부동산으로 노후를 꾸리는 것도 하나의 방법이다. 부동산을 줄여서 마련한 자금으로 상가 혹은 원룸과 같은 주거용 부동산을 매입한다. 적게라도 매달 임대료를 받으면 생활에 큰 도움이 된다.

그런데 입지가 좋은 부동산은 매입 가격이 비싸다. 상대적으로 가격이 저렴한 부동산을 사두면 인구감소, 장기적인 경기침체, 상권의 변화 등으로 타격을 받을 수 있다. 투자를 안 하느니만 못하다. 그리고 부동산은 관리가 필요하다. 노후에 거동이 불편해지거나 병에 걸리면 직접 관리하기가 힘들어진다. 수익형 부동산투자에 도전해볼 만한 재무상태가 아니라면 섣불리 도전하지 말자. 무리해서 투자했다가는 낭패를 볼 수 있다.

마지막으로 활용할 수 있는 부동산은 전답이다. 작은 규모의 전답이 있다면 투자금 없이도 소규모 농사를 지을 수 있다. 주거는 시골에 있는 빈집을 인수해서 수리하거나 아주 작은 규모로 지어서 생활한다. 대도시에 소규모의 집을 마련한 다음 농촌과 도시를 왕래하면서 지내는 것도 하나의 방법이다.

재산이 많지 않아도, 무리해서 돈을 벌지 않아도 노후를 꾸릴 수 있는 방법은 다양하다. 더 버는 것보다 가진 것을 활용해서 있는 재산을 지키는 전략을 세워보자. 그렇게 실천하면 노후에 대한 막연한 불안과 걱정도 한층 수그러들 것이다.

나의 꿈,
노후에 수입 만들기

긴 노후를 잘 준비하려면 부부 간의 재무대화가 필요하다. 노후에 얼마 정도면 살 수 있는
지 현실적으로 예산을 수립하고 국민연금 등 준비 상황을 살펴보는 것이 중요하다.

☑ 더 많이 받는 연금 플랜

노후준비는 현금 흐름 확보가 핵심이다. 과거에는 은행금리가
7~8%대로 높았기 때문에 어느 정도의 돈만 모아도 되었지만,
지금은 상황이 많이 달라졌다. 기준금리가 인하되면서 예금금
리가 1%대 시대이다.

이제 노후준비는 현금 흐름 중심으로 노후 생활비를 마련할
계획을 세워야 한다. 가장 먼저 할 일은 적정 생활비를 결정하는
일이다. 국민연금공단 국민노후보장 패널조사 7차 공식자료를
보면 50대 이상 연령층이 생각하는 노후 적정 생활비는 부부 월

243만 원, 개인 월 154만 원이다.

한 은퇴연구소 조사에 따르면 가정에서 실질적으로 은퇴를 준비하기 시작한 시점은 '자녀교육이 끝난 후'와 '자녀 결혼 후'라고 했다. 자녀의 취업과 결혼이 늦어지면 부모의 은퇴준비 시점도 늦어지는 것이다.

은퇴준비 기간만 짧아지는 것이 아니고 노후자금 자체도 불안해진다. 사실 노후자금 마련은 20~30대부터 미리 준비해야 한다. 노후자금을 준비하고 있지 않다면 지금부터라도 당장 시작해야 한다.

한 지인은 젊었을 때 자녀들 뒷바라지에 전념하고는 현재는 공공근로로 생계를 유지하며 힘들게 노후를 보내고 있다. 돈 잘 벌던 젊은 시절에 아이들에게 외국 배낭여행도 보내고, 해외연수도 보내고, 학비도 대면서 가지고 있던 돈을 다 써버린 것이다. 자식들 뒷바라지도 좋지만 노후를 위한 노후자금 마련이 절실하게 필요하다.

은퇴 후 소득이 은퇴 전 소득의 70%는 되어야 노후가 안정된다. 그동안 국민연금에만 의존했던 노후준비 구조에서 탈피해 선진국 시스템인 3층 연금을 갖춰야 노후 생활을 탄탄하게 준비할 수 있다.

1층은 국민들의 기본적인 생활 보장을 위한 공적연금(국민연금, 사학연금, 공무원연금, 군인연금), 2층은 근로자의 안정적인 노후

생활을 위한 퇴직연금(개인형 퇴직연금계좌), 3층은 개인의 여유 있는 생활을 위한 개인연금(연금저축, 연금보험, 일시납연금), 임대소득, 주택연금 등으로 구분해서 준비한다.

생각보다 노후는 길다. 긴 노후를 위해 연금을 잘 알아보고 준비하자. 연금의 종류는 다양하다.

☑ 국민연금에 대해 제대로 알자

국민연금은 가입 조건만 채우면 물가상승률이 반영된 국민연금을 평생 수령할 수 있다. 다만 국민연금에 가입한 기간이 최소 10년 이상이어야 가능하다.

국민연금은 노령연금을 받기 5년 전부터 신청할 수 있는데, 신규로 노령연금을 받을 경우 56세부터 연금 신청을 할 수 있다. 반대로 연금을 늦게 받기 시작하는 연기연금도 있다. 가입자에게는 어느 편이 더 유리할까?

먼저 수령 시기별로 어떻게 연금을 지급받는지부터 살펴봐야 한다. 조기노령연금을 신청하면 받는 돈은 적어진다. 감액 비율은 연 6%다. 1년 일찍 연금을 신청하면 기존 연금액의 94%를 받고, 미리 받을 수 있는 최대 한도인 5년을 신청하면 30%를 감액한다.

연기연금 역시 돈을 받는 시기를 최대 5년까지 늦출 수 있다. 당장 올해부터 연금을 받을 수 있더라도 연기연금제도를 활용해서 66세까지 연금수급을 미룰 수 있다. 늦게 받는 만큼 조건은 없고 혜택이 주어진다.

1년 늦출 때마다 기존 연금액에 7.2%를 더해서 연금을 지급한다. 결국 노령연금을 미리 받을지, 나중에 받을지는 상황에 따라 달라진다. 납입원금 회수, 수령 총액 등을 비교해서 잘 선택해야 한다.

노령연금을 많이 받을 수 있는 방법을 알아보자. 기본적으로 노령연금을 받으려면 최소 가입기간 10년(120개월)을 맞춰야 한다. 이 조건을 충족한 상태에서 노후에 받게 될 연금액수는 가입자의 가입기간과 그동안 낸 보험료에 달려 있다. 기본적으로 근로기간에 보험료를 꾸준히 내는 것이 중요하다. 되도록 오래 가입해야 더 많은 연금을 받을 수 있다.

가입기간을 늘리는 방법으로는 임의가입이 있다. 임의가입은 전업주부, 학생, 군인처럼 강제로 가입할 의무가 없는 사람도 국민연금에 가입해서 노후에 연금 혜택을 받을 수 있도록 하는 제도다. 18세 이상~60세 미만이라면 본인의 선택으로 임의가입자가 될 수 있다.

추후납부는 실직 등으로 소득이 없어서 보험료를 내지 않겠다고 납부예외를 신청한 가입자가 이후 소득활동을 하게 되었을 때 납부예외기간 동안 내지 않은 보험료를 낼 수 있는 제도다. 내지 않은 보험료를 일시에 내거나 나누어 내서 가입기간을 늘리면서 연금액을 올릴 수 있다.

과거에 반환일시금을 받은 적이 있고 재가입한 기간이 10년을 채우지 못했다면 무조건 일시금을 반납해야 한다. 목돈 반납이 부담스럽더라도 일시반환금은 반납하는 것이 좋다. 납부예외기간을 신청한 경우에도 가입기간이 10년을 채우지 못했다면 추후납부를 활용해서 기준 가입기간을 확보하자.

소득이 없어서 연금 납부가 정말 어려운 상황이라면 연체할 것이 아니라 국민연금공단에 현 상태를 신고하라. 사업자등록증을 말소하는 등의 조치를 취해서 납부예외자가 되는 것이 무작정 연체하는 것보다 훨씬 낫다.

납부예외자는 기본적으로 가입자로 인정받을 수 있다. 그래서 이 기간 동안 장애를 입거나 사망하더라도 장애연금이나 유족연금을 받을 수 있다.

소득신고 액수가 높을수록 월 보험 납입료는 늘어난다. 이에 따라서 받는 연금액도 커진다. 나중을 생각한다면 연금액이 높은 것이 좋다. 소득신고 금액이 높으면 노령연금, 유족연금, 장애연금 등과 같은 연금액이 커진다.

◆ 국민연금 선납제도

연금보험료 납부기한 1개월 전에 연금보험료를 미리 납부하는 것이 선납제도다. 선납 가능 기간은 1년 이내이며, 만 50세 이상은 최대 5년까지 선납할 수 있다. 만약에 은퇴가 앞당겨져서 납부해야 할 연금을 내지 못한 경우 그만큼 노령연금액이 감액된다. 이를 막기 위해서 미래의 보험료를 할인받아 미리 납부하면 나머지 5년치도 가입기간으로 인정받는다.

◆ 국민연금 반납제도

과거에 국민연금공단으로부터 받았던 반환일시금을 반납하는 제도로, 반환일시금에 이자를 붙여 반납하고 과거의 가입기간을 부활시키는 제도다. 소멸된 가입기간을 회복시켜주고 연금액도 올릴 수 있다.

◆ 국민연금 임의계속가입제도

만 60세까지 보험료를 내는 것이 원칙인 국민연금은 가입자 연령이 만 60세를 넘기면 가입자격도 사라진다. 가입기간이 부족해서 연금을 받지 못하거나 가입기간을 연장해서 더 많은 연금을 받고자 하는 경우, 65세에 달할 때까지 신청해서 가입할 수 있는 제도다. 예를 들어 만 53세에 연금에 가입해도 임의계속가입제도를 신청하면 10년을 채우고 연금을 받을 수 있다.

☑ 퇴직연금에 대해 제대로 알자

퇴직연금에 대한 관심에 비해 개인형 퇴직연금(IRP) 가입률은 미미하다. 개인형 퇴직연금이란 근로자가 이직·퇴직할 때 퇴직급여를 근로자 본인 명의 계좌에 적립해 만 55세 이후 연금화할 수 있도록 하는 제도다.

만약 연금으로 생활하면서 안정적으로 노후를 보내고 싶다면 퇴직연금 추가납입도 하나의 전략이 될 수 있다. 개인형 퇴직연금은 종류가 다양해서 어떤 상품을 고를지 고민일 것이다. 기본적으로 고려해야 할 사항부터 알아보자.

퇴직연금은 확정급여형 퇴직연금(DB), 확정기여형 퇴직연금(DC), 개인형 퇴직연금(IRP)으로 구분된다. 확정급여형은 회사가 근로자의 퇴직급여를 모두 책임지는 유형이며 퇴직연금 적립금의 운용방식을 회사가 결정한다. 확정기여형은 금융기관에 개설된 근로자의 계좌에 일정 금액을 넣어주면 기업의 책임은 종료되고 지급된 적립금을 운용하는 주체는 근로자다. 개인형 퇴직연금은 추가로 개인이 직접 가입해서 자유롭게 운용할 수 있다. 개인형 퇴직연금계좌는 세액공제, 과세이연, 저율과세 혜택을 받을 수 있어서 가입자들이 점차 증가하는 추세다.

개인형 퇴직연금은 연간 1,800만 원까지 납입 가능하고 연 700만 원까지 세액공제를 받을 수 있다. 총급여 5,500만 원 이하

구분	확정급여형(DB형)	확정기여형(DC형)	개인형 퇴직연금(IRP)
연금 수급 요건	연령 55세 이상 / 가입기간 10년 이상 / 연급수급 5년 이상		연령 55세 이상 / 연급수급 5년 이상
일시금 수급 요건	• 연금수급 요건을 갖추지 못한 경우 • 일시금 수급을 원하는 경우		55세 이상으로 일시금 수급을 원하는 경우
운용 주체	사용자	근로자	근로자
운용 리스크 부담	기업	근로자	근로자
중도인출	불인정	제한적 인정	제한적 인정
담보대출	적립금의 50% 가능		
퇴직급여	확정	운용 성과에 따라 변동	운용 성과에 따라 변동
제도 간 이전	어려움 (퇴직시 IRP로 이전)	직장 이동시 이전 용이	연금 이전시 용이

*출처: 금융감독원

는 세액공제율이 16.5%이고 5,500만 원 이상은 세액공제율 13.2%를 적용한다. 연금 수령은 55세부터 가능하고, 연금 수령시 연금소득세는 5.5~3.3%를 적용한다. 또한 퇴직소득세 30%를 할인받을 수 있다.

개인형 퇴직연금계좌는 어디서 어떻게 가입하는 게 유리할까? 현재 은행, 증권, 생명보험, 손해보험 등 4개 금융권에 51개 퇴직연금 사업자가 있다. 안정성, 거래 편리성, 부가혜택을 기준으로 금융사를 선택한다. 퇴직금 거래 기간이 10~20년으로 장기간이다. 따라서 안전하고 믿을 만한 금융사와 거래하는 것이 바람직하다.

개인형 퇴직연금은 가입시기가 이를수록 저축 기간이 늘어난다. 대신에 나중에 필요한 연금을 받기 위한 저축 부담은 낮아지므로 연령에 맞는 조절이 필요하다. 퇴직이 얼마 남지 않은 50대라면 납입금 비중을 10~20% 수준으로 줄이자.

보통 개인형 퇴직연금에 자기부담금은 연간 세액공제 한도인 700만 원까지만 불입한다. 여유가 된다면 연간 납입한도 1,800만 원까지 납입할 수 있다. 하지만 이렇게까지 금액을 늘리는 것은 무리가 따른다. 개인의 소득에 따라서 현명하게 금액을 책정하자.

퇴직연금에 가입한 후에는 수익률 관리를 어떻게 해야 할까? 퇴직연금 사업자는 매년 1회 이상 운용현황 보고서를 가입자에게 의무적으로 발송해야 한다. 운용현황 보고서에는 현재 자신의 자산운용 현황이 자세히 나와 있다. 이것을 면밀히 살펴보고 궁금한 것은 질문해보자.

주기적으로 자산 포트폴리오를 변경하는 것도 중요하다. 은행 등 영업점 창구가 아니어도 인터넷뱅킹으로 손쉽게 자산 포트폴리오를 변경할 수 있다. 보유한 펀드의 수익률 성적이 부진하면 펀드 자체의 문제인지, 주식형·채권형·혼합형으로 나눠는 펀드 유형의 문제인지를 먼저 살펴본다.

마지막으로 수수료를 줄일 수 있는 방안도 알아두자. 퇴직연금에 가입하면 운용관리 수수료와 자산관리 수수료가 발생한다. 운용관리 수수료는 퇴직연금 사업자가 적립금에 대한 정보, 적립금 운용현황 등을 기록하고 보관하고 관리하는 데 드는 비용이다. 자산관리 수수료는 계좌 설정이나 적립금을 보관하고 관리하면서 발생하는 비용이다.

퇴직연금 관련 수수료는 금융감독원에 신고하도록 되어 있으며, 각 퇴직연금 사업자 홈페이지에 명시되어 있다. 수수료가 싼 퇴직연금 사업자를 택할 수도 있지만 무조건 수수료가 낮은 사업자로 기준을 잡아서는 안 된다. 내 퇴직금을 관리하는 금융사의 안전성이나 서비스의 질도 확인해야 한다.

일반 펀드에 비해 퇴직연금에 편입된 펀드 성과가 대체적으로 우수한 편으로 알려져 있다. 퇴직연금은 장기적으로 큰 폭으로 성장할 상품이기 때문에 자산운용사에서 심혈을 기울이고 있다. 대부분 퇴직연금 사업자들이 장기 가입자들에게 수수료 할인 혜택(10~15%)을 제공하고 있다. 자기부담금에 대해서도 낮은 수수료 정책을 펴고 있다.

대다수의 사람들이 퇴직금을 한 번에 받아서 생활비로 쓰거나 사업자금으로 쓴다. 그런데 연금으로 받으면 어떤 점이 좋을까? 연봉이 7천만 원인 40세 직장인이 20년간 근무한다고 가정했을 때, 60세 시점부터 약 25년간 받을 수 있는 퇴직연금은 대략 60만~70만 원 수준으로 예상된다.

연금연구센터의 설문조사 결과를 보면 설문 대상자 93%가 일시금으로 퇴직급여를 지급받았고, 4.8%가 퇴직연금으로, 나머지 2.2%가 퇴직금과 퇴직연금으로 혼합해서 받았다. 퇴직금은 은퇴 후에 안정적인 생활 보장을 목적으로 하지만 실제로 많은 근로자들이 중간정산을 받거나 일시금으로 받아서 생활비로 다 써버리는 경우가 많다.

퇴직급여를 일시금으로 수령하면 퇴직소득세를 내야 하고, 연금으로 수령하면 연금소득세를 내야 한다. 그런데 2015년부터 연금 수령의 세금이 일시금 수령시 세금의 30%를 줄였기 때문에 가능한 한 연금으로 수령해서 안정적인 노후자금을 마련하는 것이 좋다.

☑ 연금저축에 대해 제대로 알자

연금저축은 매월 일정액을 약정 기한 동안 납부하면 연금을 받는 금융상품이다. 직장인이나 개인사업자가 소득공제 혜택을 받을 수 있는 금융상품이기도 하다. 연금저축은 운용기관에 따라 연금저축펀드(증권사), 연금저축보험(보험사), 연금저축신탁

(은행)으로 나뉘는데, 연금저축신탁은 현재 절판된 상태다.

연금저축은 장기 저축성 금융상품이다. 연소득 5,500만 원 이하면 16.5%, 5,500만 원을 초과하면 13.2%를, 소득기준에 따라 400만 원까지 세액공제를 받을 수 있다.

연금저축은 5년 이상 유지해야 불이익이 없다. 만약 5년 이내에 해지를 하면 세액공제 받은 것을 모두 반환해야 한다. 연금 수령은 만 55세 이후부터 가능하다. 연금 수령 방법은 기간을 5년 또는 10년 등으로 정해서 나눠 받는다.

연금 수령시에는 연금소득세를 내야 한다. 만 55~69세까지 5.5%, 만 70~79세 4.4%, 만 80세 이상 3.3%로 연령에 따라 세율을 달리 적용한다.

연금저축보험은 2개월만 연체되어도 보험이 해약되는 불이익을 받을 수 있지만, 연금저축펀드는 납입 기간과 금액이 제한되어 있지 않은 자유납입형식이라 원하는 때에 원하는 금액만큼 납입하면 된다. 다만 연금저축펀드에 가입한 경우 시장 상황에 따라 펀드 수익률이 낮아질 수 있으니 잘 관리해야 한다.

연금저축보험과 연금저축펀드는 연 1,800만 원까지 납입할 수 있고, 연 700만 원 한도로 최대 16.5%까지 세액공제가 된다. 특히 2020년부터 3년간 만 50세 이상은 세액공제 한도가 연금저축계좌는 600만 원, 개인형 퇴직연금계좌까지 합산하면 900만 원으로 늘어났다.

연금저축과 개인형 퇴직연금계좌도 ETF(주식처럼 거래가 가능하고, 특정 주가지수의 움직임에 따라 수익률이 결정되는 펀드) 투자가 가능하다. 개인형 퇴직연금계좌는 2012년부터, 연금저축펀드는 2017년부터 ETF로 투자할 수 있다. 다만 ETF 투자는 모든 금융회사에서 가능한 것이 아니다. ETF가 거래소에서 주식처럼 거래되다 보니 증권사에 연금저축펀드만 투자 가능하다.

　은행이나 보험사의 연금저축도 ETF로 투자가 가능한 방법이 있다. 계좌이체 간소화 서비스를 신청하면 보험사에 있는 연금저축을 해지하지 않고 가입 조건 그대로 증권사로 이전할 수 있다. 계좌이체 간소화 서비스는 모바일 신청으로도 가능하다.

　2018년 금융감독원이 발표한 연금저축 수익률은 펀드 6.32%, 생명보험 4.11%, 손해보험 3.87%, 은행 예적금 3.1%로 수익률 차이가 많게는 2배 이상이었다.

◆ **연금저축에 대한 오해들**

　첫째, 세금 감면이 되는 것이 아니다. 연금저축은 세금공제 혜택이 있을 뿐이지 세금을 완전히 감면해주는 비과세는 아니다. 그래서 연금을 수령할 때는 연금소득세를 내야 한다. 세금을 징수하는 시점만 현재에서 미래 연금 수령 시점으로 바뀌는 것뿐이다. 그런데 많은 사람들은 세금을 감면해주는 것으로 잘못 알고 있다.

연금저축은 연말정산시에 정해진 비율만큼 세액공제한다. 예를 들어 연간 400만 원까지 세금을 공제받기 위해서는 월 33만 원 불입한 것에 대해서만 세액공제를 한다. 그런데 33만 원 외에 더 추가된 금액 50만 원 또는 100만 원에 대해서는 인출 상황에 따라서 과세한다. 연금 외 수령을 했을 경우에는 오히려 높은 세율인 기타소득세 16.5%를 적용한다.

연금 본연의 목적에 맞지 않게 수령하면 연간 1,800만 원이 넘어서 종합과세가 되거나 연금 외 수령으로 과세가 이루어진다. 이렇게 되면 세액공제의 효과가 무의미해진다.

둘째, 조기 해지할 경우 세금 폭탄을 맞게 된다는 것인데 이는 사실이 아니다. 2020년 기준으로 보면 기간에 상관없이 조기 해지할 경우 연금 외 인출에 해당된다. 이때 세액공제 받은 원금과 이익금에 대해서 16.5%의 기타소득세가 붙는다.

세액공제를 받은 원금은 13.2%를 공제하고 16.5%를 과세하므로 과세된 비율은 3.3% 수준이다. 여기에 이익금은 분리과세가 적용된다. 요약하면 15.4%의 이자소득세 대상이 16.5% 세율로 바뀌는 것이다. 1.1~3.3% 수준의 세금을 더 내는 것이므로 조기에 해지한다고 해서 세금 폭탄을 맞는다는 것은 어불성설이다.

셋째, 연간 1,800만 원을 초과할 경우 종합과세가 된다는 것인데 이는 사실이 아니다. 한 달에 150만 원을 지급받는데 종합과세가 되면 연금으로서의 의미가 없다는 것이지만 연금저축 과세 방법은 그리 단순하지 않다.

연금저축은 세액공제를 받지 않은 원금, 퇴직소득, 이익금으로 과세를 다르게 적용한다. 세액공제를 받지 않은 원금은 연금으로 수령하든 연금 외 인출로 수령하든 과세 대상이 되지 않는다. 과세기준은 세액공제를 받는가, 받지 않는가에 따른다. 만약 세액공제를 받지 않았다면 연금저축의 원금도 은행에 넣어둔 순수한 원금과 마찬가지다.

퇴직소득의 경우는 다르다. 연금으로 수령하면 연금소득세를 내야 과세되는 퇴직소득세의 70%만 내고, 연금 외 수령을 하면 최대로 정해져 있는 퇴직소득세만 내면 된다.

넷째, 이익금이 오해받을 여지가 있다. 1,800만 원 기준이 적용되는 대상인 것이다. 이익금이 연간 1,800만 원 이하라면 연령에 따라서 3.3~5.5% 수준의 연금소득세를 분리해서 과세한다. 하지만 이 금액을 넘어서면 종합과세 대상이 되어서 세금을 많이 내야 한다고 알고 있는 사람들이 많다.

이 부분을 잘 살펴보자. 연간 1,800만 원이 넘으려면 월 150만 원 수준의 연금이 필요하다. 보통 우리가 가입하는 연금저축은 세액공제를 위해서 연 400만 원(월 33만 원)까지 납입한다. 400만 원이 10년이면 4천만 원, 20년이면 8천만 원이다. 이익금을 고려해도 1억 원 남짓이다. 이를 2.5% 수익률로 기준해서 연금으로 수령한다고 하자. 10년을 나눠 받아도 월 150만 원에 미치지 못한다. 종합과세가 될 여지는 거의 없다. 추가납입을 하더라도 마찬가지다. 따라서 연금저축과 과세를 둘러싼 오해에서 벗어 나도 되겠다.

연금저축을 활용하는 방법에 대해 자세히 알아보자. 연금저 축을 200% 활용하는 비결은 다음과 같다.

첫째, 나이에 따라서 전략을 달리해야 한다. 나이가 젊으면 주 식 비중이 높은 상품에 가입해서 공격적으로 운용하는 것이 좋 다. 은퇴를 약 5년 앞둔 시점에서 주식 비중이 낮은 혼합형상품, 연금신탁으로 이전하는 전략을 세워보자. 젊어서는 수익률을, 나이가 들어서는 안정성을 높이는 전략을 구사하자.

둘째, 비교는 필수다. 내 펀드가 다른 연금저축펀드와 비교해 서 제대로 잘 굴러가고 있는지를 비교해야 한다. 연금저축은 한 번 넣으면 해약하지 않는 것으로 생각하고 신경을 꺼버리는 사 람들이 많은데, 최소한 1년에 한 번은 점검해야 한다.

셋째, 해외펀드를 고려해보자. 연금저축계좌 중에 펀드를 선 택해서 같은 계좌의 하위 펀드로 해외펀드를 편입하는 방법도 있다. 2014년부터 연금저축계좌는 세액공제 혜택을 받지 않는 부분에 대해서는 자유로운 중도인출을 보장했다. 좁은 국내 시장을 벗어나서 해외 투자처를 노후준비의 발판으로 삼을 수 있다.

넷째, 절세 혜택은 보너스다. 절세 혜택을 설명할 때 연금계좌 3개를 언급한다. 확정기여형 퇴직연금계좌, 개인형 퇴직연금계좌, 연금저축계좌다. 확정급여형 퇴직연금계좌에 가입했다면 개인형 퇴직연금계좌를 추가로 개설하고 부담금을 입금하면 절세 혜택을 누릴 수 있다.

☑ 개인연금에 대해 제대로 알자

매달 2만 1,600원씩 10년 동안 약 260만 원을 냈다. 그러고는 20년을 기다렸다. 이제 연금으로 남은 시간을 매달 5만 원씩 받을 수 있다. 과연 이 5만 원으로 노후 생활을 할 수 있을까? 이 돈을 받자고 연금보험을 힘들게 10년이나 납입하고 20년이나 기다렸을까? 그런데 종신까지 받는 연금은 무려 2,855만 원을 수령할 수 있다. 11배에 가까운 돈이다.

물론 납입할 때 돈의 가치와 받을 때 돈의 가치는 다르다. 하지만 어디에 이만큼의 돈을 투자해서 낸 돈의 11배 금액을 받을 수 있을까? 연금 가입의 핵심은 수익률이 아니다. 죽을 때까지 나오는 종신연금에 그 힘이 있다.

집에 수백만 원짜리 명품 구두가 있을지언정 마라톤을 해야 할 상황이라면 구두는 쓸모없다. 반면 격식을 갖추어야 하는 자리에 참석해야 할 때 운동화가 많다고 해서 운동화를 신고 갈 수는 없지 않는가.

사람들은 장기간 저축하는 상품보다는 만기가 짧은 상품을 좋아하는 편이다. 금융상품도 장기자금에 적합한 상품이 있고, 단기간 자금을 운용하는 데 적합한 상품이 따로 있다. 인생은 마라톤과 같다. 오랜 기간 발이 아프지 않고 완주하는 데 필요한 운동화와 같은, 바로 복리의 기능 그리고 비과세의 기능까지 가지고 있는 연금이 있다.

국민연금과 퇴직연금보다 개인연금에 더 관심을 두어야 한다. 연금보험은 실질적으로 노후를 대비하기 위해 준비하는 이들에게 적합하며, 10년이 지나면 비과세이므로 연금을 받을 때 세금은 따로 없다.

연금보험의 연금 수령은 종신형, 확정형, 상속형 등이 있는데, 그중 수령방식을 종신형으로 선택하는 것이 좋다. 확정형에 비해 매달 받는 연금액은 적지만, 평균수명이 증가하고 있는 시점에서 평생 사망시까지 받을 수 있다는 데 장점이 있다.

연금보험 가입은 가급적 빠를수록 좋다. 현재 20대와 40대가 은퇴 후 동일한 연금액을 받기 위해 매달 납입해야 하는 보험료의 부담도 차이가 크다. 이뿐만 아니라 총 납입 보험료도 많아지기 때문에 연금보험은 일찍 가입할수록 절대적으로 유리하다.

◆ 개인연금을 달러로 준비하기

국민연금연구원 조사에 따르면 부부의 적정 노후 생활비는 월 243만 4천 원으로 평범한 노후를 보내기에도 턱없이 부족한 상황이다.

노후는 어떻게 준비해야 할까? 글로벌한 시대에 글로벌 자산에 투자하려는 수요가 늘고 있다. 특히 미국 달러는 금과 함께 자산가나 중장년층이 선호하는 투자 대상 중 하나다. 노후자산이기에 안정성이 중요하지만 저금리 시대에서 수익성까지 갖춘다면 금상첨화다. 시대적 요구 사항에 맞다.

가입 즉시 내가 평생 받을 수 있는 현금이 정해지는, 달러에 투자된다. 평생 매월 받는 금액이 정해져 있지만 향후 달러 가치가 오르면 한화로 환산된 월 수령액은 오르게 된다. 또한 달러 값이 오르면 사망시 지급금과 해약환급금도 더 늘어난다.

개인연금을 가입할 때는 고려해야 할 사항이 있다. 첫째, 충분한 연금재원을 확보해야 한다. 연금재원이 많을수록 연금 수령액이 커지는 것은 당연하다. 그리고 많은 재원을 모으기 위해서는 연금보험에 일찍 가입해서 오래 납입하는 것이다.

둘째, 연금재원을 확보하는 기간 동안 안정적으로 수익이 나는 것이 중요하다. 단기간의 수익이 아니라 장기적이고 안정적인 수익이 나야 한다. 연금을 수령하는 시점에 연금재원을 보증하는 안전장치까지 마련되어 있는지 확인하는 태도가 필요하다.

셋째, 적용되는 위험률이 유리한지 확인한다. 연금보험의 경우 연금을 가입하는 시점에 책정되어 있는 평균수명에 맞춰서 연금액을 계산한다. 평균수명에 적용되는 위험률이 유리한 상품으로 가입하면 연금 수령액이 더 많을 수 있다. 따라서 경험생명표(생명보험에서 연령과 함께 변화하는 사망률에 관련된 사실을 분석해 작성한 표) 변경 시기에는 어떤 경험생명표를 적용받는지를 확인해야 한다.

연금보험에 적용되는 평균수명은 매우 중요한데, 이때 적용되는 통계자료가 바로 경험생명표이다. 연금보험은 경험생명표가 가입 시점에 적용된다. 이때 최신 데이터를 반영해야 하므로 3~5년마다 새로운 경험생명표가 발표된다. 최근에는 2019년 4월에 9차 경험생명표가 변경되었다.

경험생명표가 변경되면 평균수명이 달라진다. 가입 시점에 적용하는 경험생명표의 평균수명이 길어지면 수령하는 연금액은 줄어들고, 평균수명이 짧아지면 수령하는 연금액이 늘어난다. 우리나라는 OECD 회원국 중 고령화 속도가 빠르게 진행되는 나라다. 과거와 비교해서 기대수명은 지속적으로 증가하고 있다.

결국 경험생명표 개정으로 연금보험의 보험료는 오른다. 보험사는 같은 보험료를 받는다고 가정할 때 기존보다 더 오랜 기간 연금을 지급해야 하기 때문이다. 따라서 경험생명표 적용이 가입 시점으로 적용해주는 연금을 가입하는 것이 나중에 연금을 조금이라도 더 받을 수 있다.

☑ 펀드에 투자하는 3세대 변액연금

변액연금은 자산운용 성과에 따라 수익이 달라진다. 그런데 3세대 변액연금은 연금개시 후 적립금이 아무리 떨어져도 수령할 연금액을 보증해준다. 투자 수익률이 저조하더라도 보험사에서 차액만큼은 보증해주기 때문에 매번 받는 연금액이 커진다. 심지어 투자수익이 생기면 다음 달 받는 연금액이 올라간다. 따라서 안정적이면서 보너스 연금까지 기대할 수 있다.

30세 여성이 20년간 매달 30만 원씩 저축하고 65세에 연금을 매달 63만 원씩 받을 수 있다. 이 금액은 종신토록 최저 보증해준다. 만약 수익이 올라갈 경우에는 연금액을 더 받게 된다.

☑ 주택연금에 대해 제대로 알자

한국주택금융공사가 연금 지급을 보증하는 주택연금은 주택을 담보로 노후 생활자금을 지급받는 제도이다. 금융기관에 가입자의 대출상환을 보증하고, 은행은 주택을 담보로 생활자금이나 연금을 부부가 사망할 때까지 매월 일정액을 대출해준다. 부부가 사망하면 상속인이 집을 팔아 대출금과 이자를 갚는다.

만약 집값이 하락해서 손실분이 발생하더라도 손실분은 주택금융공사가 부담하는 역모기지론이라 할 수 있다. 그래서 연금액이 달라진다. 연금은 지급방식에 따라 평생 일정액을 받는 종신지급방식, 일정 기간만 받는 기간확정방식, 주택담보대출 상환을 위한 대출상환방식으로 나뉜다.

이 중에서 종신지급방식을 가장 많이 신청한다. 부부 중 한 명이 사망한다고 해도 주택연금 수령액이 달라지지 않는다. 주택연금에 대해서 더 알고 싶다면, 한국주택금융공사 홈페이지(www.hf.go.kr) 또는 전화 상담을 이용해보자.

주택연금 가입 연령은 주택 소유자나 배우자가 만 55세 이상으로 주택가격이 부부 기준 9억 원 이하라면 신청이 가능하다. 고령화와 조기 퇴직 등으로 소득 공백기가 길어지고, 주택연금 가입기준이 더 완화된 만큼 안정적으로 주거 생활을 유지할 수 있다.

주택연금은 종신지급방식, 기간확정방식, 대출상환방식 등으로 운영되고 있다. 종신지급 방식은 인출한도 설정 없이 월 지급금액을 가입자가 사망할 때까지 지급하는 것을 원칙으로 하고, 평생 거주를 보장한다. 안정적이므로 나이가 많지 않다면 종신지급방식을 고려할 수 있다.

기간확정방식은 10년, 15년, 20년 등 일정 기간 지급받는 방식이다. 이 방식은 선택한 기간에 연금을 지급받을 수 있어서 나이가 많다면 좀더 많이 지급받을 수 있다.

대출상환방식은 기존에 주택담보대출이 있는 사람도 주택연금에 가입할 수 있도록 만들어졌다. 매월 대출상환을 위한 한도를 정하고, 대출한도의 50%부터 최대 90%까지 찾아 쓸 수 있으며 나머지는 연금으로 지급받을 수 있다.

◆ **신주택연금**

금융위원회가 기존의 주택연금과는 별도로 2016년부터 새로 도입한 3가지 종류의 주택연금이 있다. 주택담보대출 상환용 주택연금, 우대형 주택연금, 주택연금 사전예약 보금자리론이다. 종류별 특징을 알아보고 나에게 맞는 연금을 선택해보자.

첫째, 주택담보대출 상환용 주택연금은 이미 주택담보대출을 받아서 주택연금을 받기 힘든 노인을 돕기 위해 주택연금 일시인출 한도를 높여 주택담보대출 상환 부담을 덜어주는 주택연금이다.

주택 소유자나 배우자가 만 60세 이상이어야 가입이 가능하고, 부부 기준으로 1주택을 소유하고 주택가격이 9억 원 이하여야 한다. 다주택자라면 부부 합산 주택가격이 9억 원 이하여야 가입이 가능하다. 합산 가격이 9억 원을 초과한 2주택 가입자는

3년 이내로 거주하지 않는 1주택을 처분한다는 약정을 하면 거주 주택을 기준으로 주택연금 가입이 가능하다.

둘째, 우대형 주택연금은 저가 주택 소유자의 연금 수령액을 더 늘려주는 연금이다. 일반 주택연금보다 17%나 많은 연금이 지급된다. 가입연령은 일반 주택연금과 동일하지만 부부 기준 주택가격이 1억 5천만 원 이하여야 한다. 연금 지급한도는 45% 이내에서 필요에 따라 수시로 인출이 가능하다.

셋째, 주택연금 사전예약 보금자리론은 40~50대 중장년층이 주택연금 가입을 미리 약속할 경우 이자 혜택을 준다. 보금자리론을 신청하면서 주택연금 가입을 사전 예약하고, 주택연금 가입연령에 도달하면 주택연금으로 전환이 되는 상품이다.

◆ 주택연금의 혜택 3가지

첫째, 재산세를 감면받을 수 있다. 주택연금 가입자를 대상으로 주택가격이 5억 원 이하라면 25%의 재산세를 감면해준다. 5억 원을 초과했다면 5억 원에 해당되는 금액까지만 25%의 재산세를 감면받을 수 있다.

둘째, 소득공제 혜택을 받을 수 있다. 주택연금 가입자가 국민연금과 개인연금 등 기타 연금소득이 있을 경우에 주택연금을 통해서 발생되는 이자 비용을 연간 200만 원 한도 내에서 소득공제를 받을 수 있다.

셋째, 상속세 절세 효과를 볼 수 있다. 주택연금에 가입하면 매월 받는 주택연금의 총액은 과세 대상에서 차감이 되어서 과표가 줄어드는 효과가 있다.

주택연금은 최초 설정된 연금액은 변동되지 않으므로 최초 설정된 연금액이 매우 중요하다. 가급적 최대한 높은 연금액을 받아보는 것이 훨씬 유리할 수 있다.

과거에 가입했던 주택연금 가입자들은 현재보다 많은 연금액을 받고 있다. 나중에는 신규 주택연금 가입자와 연금액 차이가 더 커질 가능성을 배제할 수 없다. 그래서 현재 주택연금의 가입자가 늘고 있는 추세다. 다만 월 지급금은 매년 줄어들고 있다는 것도 참고해야 할 부분이다.

죽을 때까지 돈 걱정 없이 사는 법

노년에도 규칙적으로 일을 하고 적게나마 수입을 올리면 그렇지 못한 경우보다 더 건강한 삶을 살 수 있다. 여기에 가정경제에도 보탬이 되면 그야말로 금상첨화다.

☑ 노후에도 돈 관리는 계속되어야 한다

2016년 11월, 일본 후쿠오카에서 도로 15m가 내려앉는 사고가 발생했다. 땅이 내려앉는 싱크홀 사고는 마치 은퇴와 비슷하다. 퇴직 전 55세부터 퇴직 후 65세까지 자산운용을 신중하게 하지 못하면 가정경제가 싱크홀(Sinkhole)이 될 수 있다. 이 시기에 자녀 대학자금, 결혼자금, 주택자금 지원까지 상당한 액수의 자금들이 집중적으로 필요하기 때문이다.

그동안 열심히 모아둔 통장 잔고가 싱크홀처럼 순식간에 내려앉는다면 얼마나 힘들겠는가? 은퇴 길목에 싱크홀이 있으면 안 된다. 자녀 지원금과 은퇴 자산은 따로따로, 합리적인 기준에 따라서 준비되어야 한다. 합리적인 노후준비를 위해서 국민연금을 얼마 받는지, 현재 얼마의 생활비를 쓰고 있는지 등의 사항을 살피면서 현실적인 목표를 세워야 한다.

노후 생활비를 합리적으로 설계하려면 기본 생활비인 월 고정지출과 비정기적인 지출을 구분하는 일부터 확실히 해두어야 한다. 월 고정지출은 국민연금과 개인연금 소득을 통해서 준비한다. 기본 생활비는 의식주 해결에 집중하되 과도한 보험료, 통신비, 렌탈비 등 새는 돈을 줄여야 한다. 비정기적인 지출은 연간 단위로 계획을 세우는 것이 좋다. 기본 생활비는 조금 더 검소하게 계획을 잡고, 비정기지출은 넉넉히 예산을 잡아서 따로 준비하자.

☑ 30년 앞을 내다본 가족 모두의 인생 설계

부부가 퇴직을 하면 그 앞에 놓인 시간은 얼마나 될까? 적게 잡아도 30년이다. 30년이라는 시간 동안 자녀들의 교육, 취업, 결혼 등 이벤트가 포함되어 있다. 이런 이유로 가장이 혼자서 노후를 설계하는 것은 현실적이지도 않고 가능하지도 않다.

30년을 내다보고 인생 설계를 하려면 부부는 물론 자녀까지 함께 가족 설계를 해야 한다. 30년을 내다보고 미리 계획을 세워야 할 사항들은 다음과 같다.

- 자녀의 대학 졸업, 유학, 대학원 진학 등 교육을 어디까지 도와줄 것인가?
- 자녀 결혼자금은 어떻게 준비할 것인가?
- 고정 생활비와 의료비를 어떻게 확보할 것인가?

부부의 대화는 무척 중요하다. 대화가 없다면 작은 문제는 불씨가 되어서 큰 문제로 번진다. 불통은 오해를 낳고, 오해는 관계에 균열을 만든다. 부부 간의 오해와 불신을 없앨 수 있는 유일한 방법이자 가장 좋은 방법이 바로 대화다.

그러니 한 달에 한 번은 '부부 재무대화의 날'을 갖자. 이날 돈 이야기, 자녀 이야기, 노후 이야기 등을 하면서 100세 인생을 부부가 합심해 잘 준비해보자.

오늘은 내가 재무전문가

1 수입은 얼마나 되나?

2 적금은 하고 있는가?

3 예금은 얼마나 있는가?

4 펀드는 하고 있는가?

5 저축성 보험은 있는가?

6 주식자산은 있는가?

7 부동산자산은 있는가?

8 기타공제나 계 등이 있는가?

9 대출이 있는가? 있다면 이자는 얼마나 되는가?

지출 파악하기

1 용돈은 얼마 정도 쓰는가?

2 통신비는?

3 관리/공과금은?

4 교통/유류비는?

5 건강/문화비는?

6 양육비는?

7 보장성보험은?

8 비정기지출(자동차세, 경조사, 가족행사 등) 외에

   체크해야 할 지출이 있는가?

■ 독자 여러분의 소중한 원고를 기다립니다 ─────────────

메이트북스는 독자 여러분의 소중한 원고를 기다리고 있습니다. 집필을 끝냈거나 집필중인 원고가 있으신 분은 khg0109@hanmail.net으로 원고의 간단한 기획의도와 개요, 연락처 등과 함께 보내주시면 최대한 빨리 검토한 후에 연락드리겠습니다. 머뭇거리지 마시고 언제라도 메이트북스의 문을 두드리시면 반갑게 맞이하겠습니다.

■ 메이트북스 SNS는 보물창고입니다 ─────────────

메이트북스 홈페이지 www.matebooks.co.kr

책에 대한 칼럼 및 신간정보, 베스트셀러 및 스테디셀러 정보뿐만 아니라 저자의 인터뷰 및 책 소개 동영상을 보실 수 있습니다.

메이트북스 유튜브 bit.ly/2qXrcUb

활발하게 업로드되는 저자의 인터뷰, 책 소개 동영상을 통해 책에서는 접할 수 없었던 입체적인 정보들을 경험하실 수 있습니다.

메이트북스 블로그 blog.naver.com/1n1media

1분 전문가 칼럼, 화제의 책, 화제의 동영상 등 독자 여러분을 위해 다양한 콘텐츠를 매일 올리고 있습니다.

메이트북스 네이버 포스트 post.naver.com/1n1media

도서 내용을 재구성해 만든 블로그형, 카드뉴스형 포스트를 통해 유익하고 통찰력 있는 정보들을 경험하실 수 있습니다.

STEP 1. 네이버 검색창 옆의 카메라 모양 아이콘을 누르세요. STEP 2. 스마트렌즈를 통해 각 QR코드를 스캔하시면 됩니다. STEP 3. 팝업창을 누르시면 메이트북스의 SNS가 나옵니다.